"最美中国"丛书(第二版)

最美的山岳

郎西娜 著

合肥工業大學出版社

图书在版编目(CIP)数据

最美的山岳/郎西娜著．—2版．—合肥：合肥工业大学出版社，2017.12

(最美中国丛书)

ISBN 978－7－5650－3774－0

Ⅰ.①最… Ⅱ.①郎… Ⅲ.①山—介绍—中国 Ⅳ.①K928.3

中国版本图书馆CIP数据核字(2017)第325301号

最美的山岳

郎西娜 著　　　责任编辑 朱移山 张 慧

出 版	合肥工业大学出版社	版 次	2012年12月第1版
地 址	合肥市屯溪路193号		2017年12月第2版
邮 编	230009	印 次	2017年12月第2次印刷
电 话	总 编 室:0551－62903038	开 本	710毫米×1000毫米 1/16
	市场营销部:0551－62903198	印 张	9.5　字 数 146千字
网 址	www.hfutpress.com.cn	印 刷	安徽昶颉包装印务有限责任公司
E-mail	hfutpress@163.com	发 行	全国新华书店

ISBN 978－7－5650－3774－0　　定价：30.00元

如果有影响阅读的印装质量问题，请与出版社市场营销部联系调换。

序

赵 焰

一直以为，中国传统文化的精髓，从时间上说，是在明朝之前的。明朝之前，占据社会主流的，是清明理性的孔孟之道。宗尚自然、游离社会的道学，作为主流思想的补充，与儒学一起“相辅相成”、“一阴一阳”，使得社会主流思想具有强大活力。从总体上来说，中国文化的源头，无论是周公、老子、孔子，还是后来的诸子百家，比如说孟子、荀子、庄子、韩非子、墨子等等，都对人生保持清醒、冷静的理性态度，保持孔子学说实践理性的基本精神，即对待人生、社会的积极进取精神；服从理性的清醒态度；重实用轻思辨、重人事轻鬼神的思维模式；善于协调，讲究秩序，在人伦日用中保持满足和平衡的生活习惯……中国文化的源头如此，决定了汉民族的心理结构和精神走向，包括汉民族理想追求、文化风格以及审美倾向。

中国文化在明朝之前，占据社会主流的，是高蹈的士大夫精神。最显著的表现在于：遵从天地人伦之间的道德，有高远的理想，讲究人格的修炼，反对人生世俗化，鄙视犬儒的人格特征。比如说孔子，从他的言语来看，更像是倡导一种人生价值观，追求人生的美学意义。又比如说庄子，他的学说，不像是哲学，更像是一种生活美学：道是无情却有情，看似说了很多超脱、冷酷的话，实际上透露出对于生命、本真的眷恋和爱护，要求对整体人生采取审美观照态度，不计功利是非，忘乎物我、主客、人己，以达到安详和宁静，让自我与整个宇宙合为一体。这种贯穿着士大夫精神的人生价值观，让人忘怀得失摆脱利害，超越种种庸俗无聊的现实计较和生活束缚，或高举远慕，或怡然自适，或回归自然，在前进和后退中获得生活的力量和生命的意趣。这就是中国历代士大夫知识分子一以贯之的艺术清洁精神。英国大哲学家罗素曾经说："在艺术上，他们（中国人）追求精美，在生活上，他们追求情理。"这是说到关键了。

中国人的生活哲学就是如此，一方面高旷而幽远，另一方面也连着"地气"，是自发的浪漫主义和自发的经典主义的结合。道家是中国人思想的浪漫派，儒家是思想的经典派。当东汉年间佛教传入之后，这种以出世和解脱为目的的宗教体系遭到了儒学和道教的抵抗，从而消解了印度佛教中很多寡凉的成分。经过"中庸之道"的过滤，其中极端的成分得到了淡化，避免了理论或实践上的过火行为。也因此，一种中国特色的佛教观产生了，佛教在中国更多变身为"生活禅"，变成一种热爱生活创造人生的方式。中国人一方面避免了极端的"出世"之路，另一方面，由于心灵的滋养、美智的开发，使得东汉魏晋，包括后来的南北朝、隋唐、五代十国以及唐宋元产生了很多高妙的艺术，"艺术人生"的观念也随之如植物一样葳蕤生长。可以说，这些朝代，是中国最具审美价值、最开人们心智、也最出艺术珍品的年代。也因此，很多艺术种类都在这个阶段达到了高峰，比如说唐诗、宋词、元曲、书法、绘画、音乐、舞蹈等等，它们洋溢着一种高蹈的精神追求，境界高远，洁净空旷，如清风明月，如古松苍翠。从审美上看，由于存有或明或暗的观照，存有人格与事物的交融，主题得到了提升，感悟与生命同在，境界与天地相齐，一种深远的"禅意"油然而生……从总体境界上来看，这一阶段的各类艺术形式，达到了各自的高峰。它们是最能代表中国文化精髓的。

中国的艺术精神到了明清之后，有低矮化的倾向。明清以后，由于社会形态的变化，专制制度进一步严酷；加上统治者出身和教育的局限，以及愚民政策的目的，整体文化和审美呈低俗化的倾向，社会和人生的自由度越来越窄，艺术的想象空间越来越逼仄，艺术作品的精神高度下降。随着"程朱理学"和科举制度的推行，人们的想象力、创造力被扼制，审美弱化，艺术更趋"侏儒化"、"弱智化"。大众普罗的喜好抬头，刚正不阿的风骨软化，崇尚自由、自然、提升的审美精神也在丧失。不过尽管如此，在明清时代的中晚期，那种崇尚自然、物我两忘的高贵精神仍时有抬头，一批有着真正艺术精神的独立艺术作品或有出现。尽管如此，士大夫精神已不是艺术美和生活美的主旋律，它只是一种空谷幽兰的生命绝响。

近现代之后，由于社会动荡，战乱连连，再加上西方现代化所导致的实用主义、功利主义的渗入，中国的文学艺术遭到了进一步摧残，传统的艺术精神更进一步沉沦。艺术的政治化倾向、实用主义倾向和世俗主义倾向抬头，这直接导致了真正的艺术精神缺失，艺术的品位下降，高蹈精神向世俗俯首，自然和自由变身为功利和实用，士大夫精神更是变身为犬儒主义。中国近现代上百年的屈辱和战乱，更使得中国自古以来高洁的审美观变得扭曲和肤浅：黄钟大吕变成田野俚语，布衣青衫变成了披红挂绿，古琴琵琶变成了锣鼓鞭炮，洁身自好变成了争相取宠，安详宁静变成喧哗骚动，幽默风趣变成庸俗不堪……如果说是与非，美与丑是人类最基本标准的话，那么，很长一段时间里，这种基本标准都在丧失，很多人已分辨不了是与非，也分辨不了美与丑。“文革”时期八个脸谱化的样板戏在左右着中国人的全部精神生活，这样的现象，又何尝不令人扼腕叹息！

如果说中国当代教育存在着诸多问题的话，那么，以我的理解，当代教育最大的失败，甚至不是传统丢失、精神扭曲以及弱智低能，而是在美育上的缺失。这一点，只要观察我们周围的人们，就可以得出这样的结论——在我们的周围，到处都是对于生活没有感觉，对于美丑没有鉴别的人。他们所拥有的，只是功利，只是物质，只是金钱，只是对美丑的弱智的鉴别和判断。这些人不仅仅是一些教育低下的人，甚至，一些貌似受过良好教育的人也是这样——他们虽然拥有很高的学历，有很好的教育背景，但在美丑的辨别力，以及对于艺术、心灵的觉察力、感悟力和理解力上，同样表现得能力低下、缺乏常识。这样的现象，实际上是我们多年以来的教育缺乏美育，缺乏精神导向的结果。一个人的审美，是与道德和智慧联系在一起的，审美的缺失，实际上也是道德和智慧的缺失。一个对美缺乏判断力的人，很容易在人生中缺乏动力和方向，也很容易被民族主义、法西斯主义、极端主义、工业主义所奴役，成为过度现代化的牺牲品。在很多时候，这种人不可能是一个丰富的生命，只是一架精神匮乏的机器。

现在，这一套由合肥工业大学出版社精心组织的“最美中国丛书”，似乎在某种程度上，弥补了一些“寻根”和美育上的缺失。该丛书旨在“重建中国优美形象，重构华夏诗意生活”，通过对古代思想、伦理道德、文学艺术、风景民俗、器物发明等的重新梳理，重新发现中国特有的美，倾情向世人推介这种美，以期真正的美得到传承。这套书知识精准，图文并茂，力求童趣与大美的融合，悦目和感人的统一。对于正在成长的青少年来说，这一套书，应是一个不错的选择，最起码它可以让人知道，什么是中国的最美，什么是中国真正的美。继第一辑十本书受到业界、读者的广泛好评之后，合肥工业大学出版社又趁势推出第二辑“物华灼灼”和第三辑“文质彬彬”，加在一起又有20本，这两辑丛书在第一辑相对比较宏大叙事的基础上，着力聚焦中华文化的细节之美，视角更为开阔，叙述更为细腻。无疑是值得期待的。

上个世纪初，北京大学校长蔡元培先生曾经提出过著名的“五育并举”教育方针，“五育”为：军国民教育、实利主义教育、公民道德教育、世界观教育、美感教育。其中，美感教育尤其有特色，蔡先生还以“以美育代宗教”的口号闻名于世。在蔡元培看来，美育是宗教的初级阶段，对于没有宗教传统的中国人来说，美育教育是一种基础，并且相对宗教，美育更安全，更普及，也更为人接受。通过美育，可以培育出道德是非的基础，培育出向上的力量。虽然蔡元培的这一观点引起过一番争论，但对于一个人来说，有美的熏陶，有对于美丑的正确判断，怎么都不能说是一件坏事。并且，美与是非，与善恶，与道德，与人类的心灵，与这个世界的根本，是联系在一起的。以对美的判断和感知为出发点，了解中国历史，了解中国文化，了解中国人曾经的艺术生活，了解一个民族的内心世界；从而进一步了解世界，了解世界的规律，与身边的一切做到和谐相处，都是大有好处的。

也许，这套书的意义就在于此。

【目录】

（因本书部分图片未及向摄影者申请授权，祈盼宽谅；恳请有关作者见书后与我社联系，以便奉寄稿酬及样书。）

珠穆朗玛：站在地球之巅

珠穆朗玛峰位于中国与尼泊尔两国边界上。它的北坡在我国西藏境内，南坡在尼泊尔境内。海拔8844.43米，是喜马拉雅山脉的主峰，也是世界上最高的山峰，巍然屹立在莽莽喜马拉雅山脉的最高处，常年覆盖着冰雪。它那金字塔形的峰体，在百公里之外就清晰可见，肃穆、神圣。藏语中“珠穆”是女神的意思，“朗玛”是第三的意思。因为在珠穆朗玛峰的附近还有四座山峰，珠峰位居第三，所以被称为珠穆朗玛峰。

珠峰不仅巍峨宏大，而且气势磅礴。在它周围20公里的范围内，群峰林立，山峦叠嶂。站在遮古拉山观景台放眼望去，一长列巍峨的雪峰如行进的舰队，旗云猎猎、横亘天边。4 座世界一流高峰：马卡鲁（海拔 8463 米）、洛子（海拔 8516 米）、珠穆朗玛（海拔 8844.43 米）、卓奥友（海拔 8201 米），比肩而立、直刺苍穹。

珠峰所在的喜马拉雅山地区原是一片海洋，在漫长的地质年代，从陆地上冲刷来大量的碎石和泥沙，堆积在喜马拉雅山地区，形成了这里厚达 3 万米以上的海相沉积岩层。此后，由于强烈的造山运动，使喜马拉雅山地区受挤压而猛烈抬升，据测算，平均每一万年大约升高 20 ~ 30 米，直至如今，喜马拉雅山区仍处在不断上升之中。

珠穆朗玛峰以其地球之巅的美誉，成为世界各国（地区）登山家心目中的“圣殿”，是每一个登山家的终生夙愿。从 18、19 世纪开始，陆续有一些国家的探险家、登山队，来到珠穆朗玛峰，探测它的奥秘。但直到 20 世纪 50 年代以后，才有人从南坡登上珠峰。从 1921 年至 1938 年，英国的探险家曾先后七次试图从北坡攀登珠峰，都遭到了失败，有的还丧失了生命。因此，他们把北坡称作是“不可攀援的路线”，“死亡的路线”。1960 年，中国登山队首次从北坡成功攀登峰顶。

1989 年 3 月，珠穆朗玛峰国家自然保护区宣告成立。保护区内珍稀、濒危生物物种极为丰富，其中有 8 种国家一类保护动物，如长尾灰叶猴、熊猴、喜马拉雅塔尔羊、金钱豹等。峰顶共有 600 多条冰川，每当旭日东升，巨大的山峰在红光照耀下，绚丽多彩。

江山如画，儿女折腰。迄今为止，在登顶珠峰过程中，已有近 200 名勇士长眠于此。大本营附近，有一座不高的砾石丘，上面是一座座用石头垒成的墓冢。这些墓冢是各国登山队为纪念遇难队友而设的，已逝的英魂永远守护着这片圣洁高地。

放眼万里晴空，饱览银装素裹、峰峦叠嶂的巨幅山水长卷，喜马拉雅正是以最美丽的姿态，迎接了那群历尽千辛万苦、远道而来的客人，让他们投入她的怀抱。

南迦巴瓦：云中的天堂

雅鲁藏布江自喜马拉雅山脉西段的冰峰雪山发源，沿喜马拉雅北坡山谷一直向东，历程1000多公里，流至喜马拉雅山脉东段尾翼，在林芝、米林、墨脱、波密四县交界处直转南下，形成一个马蹄形大峡湾。

在这个峡内侧，形成了世界第15高峰、海拔7756米的南迦巴瓦峰。它前面的14座高山全是海拔8000米以上山峰，因此南迦巴瓦是7000米级山峰中的最高峰。其巨大的三角形峰体终年积雪，云雾缭绕，从不轻易露出真面目。

藏族人历代都将南迦巴瓦视为通天之路，神灵的居所，以及凡人断然不可打扰的圣地。他们不仅为它取了“雪电如火燃烧”、“直刺蓝天的长矛”这样惊心动魄的名字，还为它虚构了很多不同凡响的身份：受“英雄之神”念青唐古拉骄纵的拥有非凡俊美和英武的爱子，争斗中砍

下了亲人头颅的暴虐的兄长，不许他人旁观自己分离痛苦的拥有极强自尊心的丈夫……

由那些充满阳刚的名字里，我们大概也能揣摩出南迦巴瓦峰的刚烈。的确，由于南峰所在的雅鲁藏布大峡谷地区地质构造复杂板块构造运动强烈，造成南峰地区山壁耸立，地震、雪崩不断，攀登难度极大，因而使南迦巴瓦很长时间以来成为未被人类登上的最高的一座“处女峰”。

在南迦巴瓦峰下的诸多村落内，都居住着期盼一睹真容的山外来客。曾有一年，我在山下的直白村里待了一晚，因为这里是绝佳的看南迦巴瓦的地点，因而那一晚，看山成了唯一的激动人心的集体等待。整个晚上，眼睛离不开窗外的山峦。即使寒风瑟瑟，也愿意迷醉在南迦巴瓦峰的云雾之下，期盼那薄薄一层纱衣下圣洁的身体。

或许上天注定每趟旅程都需要留一个遗憾，一直到最后，上天都未给我们一睹南迦巴瓦峰风采的机会。在风云变幻中，在急切的等待中，神山始终都没有掀开头纱让我们见一次它美丽的容颜。这也让南迦巴瓦在我们心中的地位更加神圣起来。

关于南迦巴瓦另外还有一个广为外界所知的传说。相传很久以前，上天派南迦巴瓦和拉加白垒镇守东南。弟弟加拉白垒勤奋好学武功高强，个子也是越长越高，哥哥南迦巴瓦十分嫉妒。于是在一个月黑风高之夜将弟弟杀害，将他的头颅丢了米林县境内，化成了德拉山。上天为惩罚南迦巴瓦的罪过，于是罚他永远驻守雅鲁藏布江边，永远陪伴着被他杀害的弟弟。这个神话故事很生动地向我们解释了这两座山的特点：我们看到的加拉白垒峰顶永远都是圆圆的形状，那是因为它是一座无头山；南迦巴瓦则大概自知罪孽深重，所以常年云遮雾罩不让外人一窥。

在峡湾外侧，与南迦巴瓦峰相距 20 公里，隔江对峙的，是海拔 7294 米的加拉白垒峰。加拉村，位于雅鲁藏布江的大拐弯处，村子旁边有着据说雅鲁藏布江上唯一的渡口，也是徒步墨脱需要经过的地方。

经幡扬动，雪山与流淌的江水昭示着魔力。过了这个江，若是再往墨脱方向走，便是前路艰险了。

黄山：归来不看岳

最让黄山骄傲的是，走过千山万水的徐霞客在黄山留下了“五岳归来不看山，黄山归来不看岳”的千古名句，奠定了黄山从古至今在中国山脉中不可动摇的地位。

黄山，位于安徽省南部黄山市境内，为三山五岳中三山之一。黄山为道教圣地，遗址遗迹众多，中华十大名山之一，有“天下第一奇山”之美誉。郦道元、李白、徐霞客等名士都曾在此留下壮美的诗篇和历史的足迹。

《中国国家地理》“最美中国”专辑将黄山形容为“上帝的盆景”，黄山有名可数的七十二峰，或崔嵬雄浑，或峻峭秀丽，布局错落有致，天然巧成。天都峰、莲花峰、光明顶高耸于山区中部，鼎足而立，海拔高度都在1800米以上。黄山景区以此为中心向四周铺展，或跌落为深壑幽谷，或隆起成峰峦峭壁，呈现出典型的峰林地貌。这一盆盆的风景，怕是只有“上帝”最方便欣赏。

“黄山自古云成海”，黄山因山大峰高，谷深林密和雨水充沛等自然条件，一年四季均有云海可观，按云海形成的区域割分，有北海、西海、东海、天海、南海，故黄山又称“黄海”。

另一个不可不提的是黄山的日出。凌晨十分，观看日出的人会打着手电登上光明顶。黄山的日出是从黎明时分悄然铺开的一幕大戏，每一个细节都不容错过，越早登顶的人，越有可能占领拍摄的有利位置。摄影爱好者们看起来起得更早，等到大批游客往山上走时，他们的三脚架都已经架好。山顶上劲风呼啸、寒气袭人，即使是六七月的天，很多人穿着抓绒外套仍瑟瑟发抖。但所有的辛劳，在红日跃出的那一刻都得到了回报。

梅里雪山：心中的日月

梅里雪山位于云南省德钦县东北约10公里的横断山脉中段怒江与澜沧江之间，平均海拔在6000米以上的有13座山峰，称为“太子十三峰”，主峰卡瓦格博峰海拔高达6740米，是云南的第一高峰。1908年法国人马杰尔·戴维斯在《云南》一书中首次使用“梅里雪山”的称呼。

主峰卡瓦格博坐落在怒山山脊的主脊线上。峰形像是一座雄壮高耸的金字塔，时隐时现的云海更为雪山披上了一层神秘的面纱。被誉为“雪山之神”的卡瓦格博被称作“藏区八大神山之首”。藏族认为，每一座高山的山神统领一方自然，而卡瓦格博则统领整个自然。在拉萨甚至有这样的传说：登上布达拉宫便可在东南方向的五彩云层之中看到卡格博的身影，可见其巅之高，其辉之远。

早在19世纪30年代，美国学者就称赞卡瓦格博峰是“世界最美之山”。冰斗、冰川连绵，犹如玉龙伸延，冰雪耀眼夺目，是世界稀有的海洋性现代冰川。山下的取登贡寺、衮玛顶寺是藏民朝拜神山的寺宇。每年云南、西藏、四川、青海、甘肃的藏民都要前来朝拜，既充盈着浓郁的藏族习俗，也是人们登临探险的旅游胜地。

迪庆藏族人民在梅里雪山脚下留下了世世代代的生存痕迹，也将深厚的文化意蕴赋予了梅里雪山。在松赞干布时期，相传卡瓦格博曾是当地一座无恶不作的妖山，密宗祖师莲花生大师历经八大劫难，驱除各般苦痛，最终收服了卡瓦格博山神。从此他改邪归正，皈依佛门，做了千佛之子格萨尔麾下一员剽悍的神将，也成了千佛之子岭尕制敌宝珠雄狮大王格萨尔的守护神，称为胜乐宝轮圣山极乐世界的象征。卡瓦格博峰也由此成为多、康、岭（青海、甘肃、西藏及川滇藏区）众生绕匝朝拜的胜地。

卡瓦格博峰的南侧，还有从千米悬崖倾泻而下的雨崩瀑布，在夏季尤为神奇壮观。因其为雪水，从雪峰中倾泻，故而色纯气清；阳光照射，水蒸腾若云雾，水雾又将阳光映衬为彩虹。雨崩瀑布的水，在朝山者心中也是神圣的，他们潜心受其淋洒，求得吉祥之意。

梅里雪山是中国发生雪崩最频繁的雪山，也是世界上少有的非常美丽的雪山。这里地理位置的特殊，使得山峰终年被湿润的云雾缭绕，即令严冬季节也很难得一展真容。往往在那里驻扎一两个月，只有一两天能看清主峰卡瓦格博和它附近四座“神峰”的真面目。

在藏民的心中，卡瓦格博峰是他们保护神的居住地。当地人认为：人类一旦登上峰顶，神便会离开他们而去。缺少了神的佑护，灾难将会降临。

乔戈里峰：凶险与激情

地球上超过8000米海拔的14位冰雪巨人中，最让人生畏的就是乔戈里峰了，这座又名K2的世界第二高峰有个恐怖的外号——“食人峰”。超过4700米的垂直高差和暴虐的天气将这里贴上了生命的封条，1∶7的下撤死亡率让所有登山者谈“K”色变。长年以来，这座横亘在中巴边境的喀喇昆仑山脉主峰就像苍穹下的白色金字塔，其雪白的峰尖一直是人类仰望的终极巅峰。

乔戈里峰英文名Qogir，“Qogir”被通常认为是塔吉克语，意为“高大雄伟”。但也有人称“Qogir”是藏语，意为“白色女神”，之所以有这样的说法，是因为乔戈里南侧有藏族人的后裔，根据历史可考证，乔戈里南侧地区是他们游牧和活动的地区，由于他们的语言和藏语相近，因此也可以认为“Qogir”是藏语。现在国际登山界通称乔戈里峰为 K2。

乔戈里峰海拔 8611 米，它是喀喇昆仑山脉的主峰，是地球上海拔仅次于喜马拉雅山脉的喀喇昆仑山脉的主峰，位于中国和巴基斯坦边界。其高度在世界 14 座海拔 8000 米以上的山峰中列第二位，是国际登山界公认的攀登难度较大的山峰之一。

喀喇昆仑山脉，中国古代称为“葱岭”，有“与天齐高”之誉。喀喇昆仑山呈西北—东南走向，绵延数千公里，与喜马拉雅山脉、兴都库什山脉组成巨大的山结，平均海拔 6000 米以上。山脉上高峰云集，包括乔戈里峰在内，这里紧密相连地排列着 4 座 8000 米以上的世界级著名高峰。世界上 14 座 8000 米以上的高峰，在这里就占了近三分之一。因此，这里就成了世界登山家们瞩目的第二个登山中心。

山峰主要有六条山脊，西北—东南山脊为喀喇昆仑山脉主脊线，同时也是中国、巴基斯坦的国境线。其他还有北山脊、西山脊、西北山脊、西南山脊。峰巅呈金字塔形，冰崖壁立，山势险峻。在陡峭的坡壁上布满了雪崩的溜槽痕迹。山峰顶部是一个由北向南微微升起的冰坡，面积较大。北侧如同刀削斧劈，平均坡度达 45 度以上。从北侧大本营到顶峰，垂直高差竟达 4700 米，是世界上 8000 米以上高峰垂直高差最大的山峰，连珠峰都为之逊色很多。北侧的冰川叫乔戈里冰川，地形复杂多变。冰川表面破碎，明暗冰裂缝纵横交错。冰川西侧山谷为陡峭岩壁，滚石、冰崩、雪崩频繁。乔戈里峰两侧，就是长达 44 公里的音苏盖提冰川。

1954 年 7 月 31 日，意大利登山队两人从巴基斯坦一侧沿东南山脊，历时将近 100 天，首次登上乔戈里峰。乔戈里峰在登山界有着“凶残暴

峰”、“没有回报的峰”之称，也被誉为“最凶险的山峰”，它被公认为是最难攀登的8000米级山峰，同时它又是登山者心目中最高的精神圣地，它只属于一流的登山者。20世纪最为伟大的登山家意大利人莱因德·梅斯纳尔（Reinhold Messner）在1979年以阿尔卑斯方式攀登完乔戈里峰以后，心怀敬畏地将K2称为“山中之王”，这一名字已经足以说明乔戈里峰的特殊地位。

在2003年一年之间，有262位登山者争先恐后地登上珠峰的峰顶。与此相对应的是，至今为止，成功登顶乔戈里峰的不超过220人，更多的是失败的纪录，还有几十位优秀登山家将生命永留在此峰。

冈仁波齐：世界的中心

冈仁波齐峰是中国冈底斯山脉主峰，也是中国最美的的十大名山之一。位于西藏自治区西南部普兰县北部。梵语称之为“湿婆（印度一种神的名字）的天堂”，藏语意为“神灵之山”，通称雪灵山。

山顶高度海拔 6721 米，腰部是较大的淡红色平台，边缘被冰雪侵蚀，风化严重，呈犬牙状，平台上有一圈凹进去的沟槽。峰顶宛若皇冠，晶莹夺目，远远望去却仅见一个浑圆的山顶。

冈仁波齐峰顶峰上空常常是白云缭绕，很难目睹其真容，愈发显得神秘莫测。峰顶终年积雪，威凌万峰之上，极具视觉和心灵震撼力。

冈仁波齐峰被称为神山，可见其地位是世界性的，阿里地区的四大河——马泉河、狮泉河、象泉河、孔雀河，就从冈仁波齐四方流下。它遗留下的胜迹不胜枚举，是众教心中的圣地。各教派都认为他们的神与这座山峰有着联系，他们共同将冈仁波齐峰看作世界的中心。苯教便发源于此。

长久以来，冈仁波齐都是徒步者神往之地。因为它地处人迹罕至的阿里无人区，气候恶劣，一年中也就在 5 ~ 9 月相对温和一些，因此这时成为大批教徒前往朝圣的季节。转山者有普通藏民、藏传佛教徒、耆那教徒、苯教徒等，每年来自印度、尼泊尔、不丹以及我国各大藏区的朝圣队伍络绎不绝，他们历尽辛苦来到这里，为实现心中的梦想，在 4800 至 5700 的海拔高度围绕神山脚下艰难徒步 53 公里，沿途磕头祈祷。绕山拜罢之后，才算功德圆满，了却宿愿。据说至今还没有人能够登上这座神山，可能是没有人敢触犯这神山上的神灵吧。

在距离冈仁波齐二十几公里处，有两个神奇美丽的高原湖泊，它们是“神湖”玛旁雍错和“鬼湖”拉昂错。每到夏秋时节，各地的教徒扶老携幼来此朝圣，大多都会在神湖里沐浴净身，以求延年益寿，大吉大利。佛教徒认为，玛旁雍错是最圣洁最神圣的湖，是胜乐大尊赐予人间的甘露，圣水可以清洗人心灵中的烦恼和孽障。它是佛教、印度教、苯教所有圣地中最古老，最神圣的地方，它是心灵中尽善尽美的湖，是世间的净土，是宇宙中真正的天堂，是众神的“香格里拉”，万物之极乐世界。

泰山：帝王的选择

中华民族几千年的文化历史长河，使泰山已成为中华民族的象征。气势磅礴的泰山，知名度可与万里长城媲美。从司马迁的名言“人固有一死，或重于泰山，或轻于鸿毛”到“有眼不识泰山”，“泰山压顶不弯腰”……都在不断加深着我们对泰山的向往。

登临泰山，犹如攀登长城一样，成为许多中国人的梦想。

泰山又称岱山、岱宗、岱岳、东岳、泰岳等。名称之多，实为全国名山之冠。泰山之称最早见于《诗经》，“泰”的意思是极大、通畅、安宁。泰山突兀地立于华北大平原边上的齐鲁古国，同衡山、恒山、华山、嵩山合称五岳，又因地处东部，所以被称为东岳。

泰山地处山东中部，自然景观雄伟高大，它是中华民族的精神文化的缩影，而今又成为世界珍贵遗产。泰山风景名胜以泰山主峰为中心，呈放射状分布，由自然景观与人文景观融合而成。从祭地经帝王驻地的泰城岱庙，到封天的玉皇顶，构成长达十公里的“地府——人间——天堂”的一条轴线。

泰山最引人入胜的地方，在于它是中国历史上唯一受过历代皇帝封禅的名山。随着帝王封禅，泰山被神化，因而又享有“五岳之长”的称号。历代帝王所到之处，建庙塑像，刻石题字，留下了众多文物古迹。佛道两家，文人名人纷至沓来，给泰山留下的诗词、歌赋多达一千余首。摩崖碑碣数不胜数，庙宇观堂满山遍布。走进泰山，就是走进历史。

泰山的自然风光更是它引人之处，泰山高峰峻拔，雄伟多姿，堪称“天然山岳公园”。

日出是泰山最壮观的奇景之一，当黎明时分，游人站在山顶举目远眺东方，一线晨曦由灰暗变成淡黄，又由淡黄变成橘红。而天空的云朵，红紫交辉，瞬息万变，漫天彩霞与地平线上的茫茫云海融为一体，犹如巨幅油画从天而降。浮光耀金的海面上，日轮掀开了云幕，撩开了霞帐，披着五彩霓裳，像一个飘荡的宫灯，冉冉升起在天际，须臾间，金光四射，群峰尽染，好一派壮观而神奇的海上日出。

泰山云雾可谓呼风唤雨，变幻无穷。当夕阳西下的时候，若漫步泰山极顶，又适逢阴雨刚过，天高气爽，仰望西天，朵朵残云如峰似峦，一道道金光穿云破雾，直泻人间。你尽可放目四野，饱览“江山如此多娇”的秀容美貌。

贡嘎：风止步的地方

贡嘎山在二战以前的地理学上地位相当瞩目。美国人 Joseph · F · Rock 在 1930 年时错误地测得贡嘎海拔为 9500 米，从而宣布其为世界第一高峰，不少国外的探险家因此慕名而来。1931 年，瑞士著名地理学家 Eduard Imhof 第一次比较准确地测出贡嘎山的高度为 7590 米，他手绘的贡嘎测量图和贡嘎素描也把贡嘎山的信息带给了欧美各地。

贡嘎山坐落在青藏高原东部边缘，在横断山系的大雪山中段，位于大渡河与雅砻江之间。“贡嘎山”，藏语意为“最高的雪山”。海拔 7556 米，是四川省最高的山峰，被称为“蜀山之王”。山区高峰林立，冰坚雪深，险阻重重，是中国海洋性山地冰川十分发育的高山之一，在登山运动和科学研究中占有十分重要的地位，是一座极受登山爱好者青睐的名山。

贡嘎主峰周围林立着 145 座海拔五六千米的冰峰，形成了群峰簇拥、雪山相接的宏伟景象。贡嘎山景区内有 10 多个高原湖泊，著名的有木格错、五须海、人中海、巴旺海等，有的在冰川脚下，有的在森林环抱之中，湖水清澈透明，保持着原始、秀丽的自然风貌。景区内垂直带谱十分明显，植被完整，生态环境原始，植物区系复杂。景区内温泉点有数十处，著名的有康定二道桥温泉和海螺沟温泉游泳池。

贡嘎山峰的高峻，远非内地一般名山可比。又以冰川闻名，是世界上海洋性冰川最早发育地区之一。冰川之上气候暖和，夏秋季节，你可身着薄衫，脚踏冰川徜徉在这光怪陆离的神奇冰川世界，完全不用担心寒冷。大冰瀑布常年“活动不息”，发生着规模不等的冰崩。一次崩塌量可达数百万立方米，此时冰雪飞舞，隆隆响声震彻峡谷，一两公里之外也可听到，场面蔚为壮观。

虽然登上峰顶极为困难，但是转山成为很多人朝拜的方式。曾经，笔者也很虔诚地踏上了转山之路，高山草甸、原始丛林、风雪垭口，逐一经历，只为见一眼贡嘎峰的真容。那不到半个月的时间，却像经年累月一样漫长。雪山，草地，沼泽，我和伙伴们迈开脚步努力前行；大雪，冰雹，雨水，依然没有挡住我们的去路；高烧，头疼，寒冷，大家一起面对。一路上，一个纯真的微笑，能打动我们内心的最深处；一声声“扎西德勒”，代表了人世间最美好的情感；还有藏族老人那一碗热乎乎的酥油茶，甚至能让人泪流满面……

齐云山：一壶茶，云海边

很多年前，当自驾游还是一件新生的旅行方式时，就听刚刚从黄山自驾游回来的同事兴奋地描述："傍晚的时候，我们意外地把车开到了齐云山脚下，然后仿佛在云里一样，看不清楚车前的路，既危险又刺激。"

她这段对齐云山的描述，奠定了我对这座山的想象和向往。第一次前往时，虽然没有体验到同事所描述的"云在脚下"的感觉，却也真正赶上了云海升腾的壮观。

齐云山古称"白岳"，以道教文化和丹霞地貌为特色，历史上有"黄山白岳甲江南"之称。与黄山、九华山并称为中国皖南三大名山。

齐云山虽以"一石插天，直入云端，与碧云齐"而得名，但最高峰海拔只有585米，山不甚高，却崖壁直削、深不可测，蹊跷多姿的峰峦洞岩散发着神秘的气息。加之全山为典型丹霞地貌，赤如朱砂，灿若红霞，在绿色波涛般树林的掩映下，整座齐云山紫衣赭裳，显得生动而鲜明，灿烂而大气。徐霞客、唐寅、海瑞、戚继光等历代名人学士都在此留有佳句墨宝。

关于齐云山，不得不提它壮观的云海，虽然海拔低，但是一年中有云海的日子几乎占了一大半。只要一走近这齐云山，从山脚仰望，定会被其凌虚之气所震撼。海拔虽仅有 585 米，但见山腰间云遮雾绕，仙气逼人。仙山深处，数间白墙黛瓦的小屋排成一排，时而掩映在青山绿林里，时而浮于云海间，若隐若现，宛若天上的街市。到过齐云山的人都知道，那就是白云深处的村落月华街了。

月华街，悬崖上的街市，也是山中道教集中的地方，据明代《齐云山志》记载，来自皖、浙、赣三省的香客日达三千以上，齐云山古代道教信徒之多，香火之旺盛是可想而知的。道家村落里住的这三十余户人家，全都是道士及其家室后代。新修复的天宫府建筑最为显眼，山中道场多数在此府举行，届时香客云集，佛钟道鼓齐鸣，热闹非凡。

月华街上的房子多为两层，门面不大，格局老旧，家家都可供食宿，厅里三两张小圆桌，上面茶具一应俱全。走累了，拣个靠窗的位置，坐下歇歇脚、品品茶，一转头便看见窗外悬崖深涧，岚雾缥缈，欲仙之感油然而生。道家人招待客人用餐时也一定会做几个地地道道的山中土菜来，诸如齐云八卦、齐云登高、紫气东来、腊肉火腿之类的，让城里人吃了难忘。

月华街，一条沐浴在白云、月华下的山上街市，或许，“天上人间”这个称谓更适合它吧。

念青唐古拉峰：生死相依的情人

从拉萨前往纳木错将至那曲的青藏公路上，一路沿着念青唐古拉山脉朝北，左手边就是念青唐古拉山脉。念青唐古拉山脉屹立在西藏高原中部，它是雅鲁藏布江和怒江两条大水系的分水岭，将西藏自治区分为藏北、藏南、藏东南三大地域。

这是一座至高处为圆顶的雪峰，相对海拔不算高，看上去并不巍峨高大，如果不说，很难让人相信那是海拔超过7000米的山。

念青在藏语中意为“次于”，念青唐古拉，藏语意为灵应草原神。在青藏公路西侧的当雄草原上，西北——东南走向排列着念青唐古拉山脉的四座7000米以上的山峰，念青唐古拉山的主峰坐落在一道派生的山脉上，海拔7162米，地处念青唐古拉山脉西段中部最为突兀的高峰集中区。

在她的周围还聚集着30多座6000米以上的雪峰，那根拉山口海拔5190米，被看做生命的禁区，是跨过念青唐古拉山脉去纳木错的山间通道。

纳木错是世界海拔最高的湖，远离现代文明的污染，保持着自然原始生态，是朝圣者心目中的圣地。作为藏地的神山圣水，吸引着无数信徒、香客、旅游者前来瞻望朝圣……

不管是在西藏的苯教还是藏传佛教中，还是在当地藏民的传说和民歌里，念青唐古拉山和纳木错都占据着重要的位置，更加动人的是关于念青唐古拉山与纳木错这对生死相依的情人的传说故事。

其中的一个传说是：终年白雪皑皑的念青唐古拉山是身披雪甲的英武之神，而纳木错则是一位美丽的神女，依偎在念青唐古拉雪峰的身旁，他们是生死相依的恩爱夫妻，上万年来，他们彼此相伴，静守这一方净土。

纳木湖畔玛尼堆遍布。如有教徒经过这里，总会投下一颗石子。这个西藏目中的圣湖，每年都吸引着教徒们迢迢千万里，完成艰辛的旅程，来转湖朝圣，以寻求灵魂的超越。

清晨，隔着纳木错湛蓝的湖面远看念青唐古拉山脉，纳木错显得那么娴静，安静地枕在念青唐古拉山的臂弯中，湖面微微颤动着的波纹似乎是纳木错女神甜蜜的笑靥，不施粉黛却惊艳寰宇。而气宇轩昂的念青唐古拉山大哥安坐一旁，在纳木措耳边轻声低语。

尕朵觉悟：最神秘的神山

四大神山之中，云南迪庆藏族自治州的梅里雪山最受关注，西藏阿里地区的冈仁波齐则是户外发烧友追捧的地方，而另外两座神山则较少有人问津，即青海玉树藏族自治州的尕朵觉悟神山和青海果洛藏族自治州的阿玛尼卿神山。

尕朵觉悟位于青海省玉树藏族自治州称多县尕朵乡，这是玉树人自视为其守护神的千古名山。它山势巍峨、险峻，有一种粗犷的雄性美。它在高峰云集的青藏高原原本并不出众，但尖峭挺拔的山形却使任何一个接近它的人望而却步，心生畏念。远远地望见一个有如凌空出世般的山尖，那就是神山的主峰了。

整个尕朵觉悟是由一系列千姿百态的山峰组成的群山体，由主峰及几十座环绕的山峰组成，主峰海拔 5470 米，平均海拔 4900 米。尕朵觉悟则像一个饱经沧桑的智者，整个山体如刀砍斧凿一般，凌厉的气势让人感觉有股杀气，有一种孤独苍凉的意味。

尕朵觉悟藏语又称“觉悟夏尕”，意为“白圣客”，传说中是一位智勇双全的将军，周围28座山峰分别是他的7位战将，7位神医，7位铸剑师，7位裁缝师，还有他的奶奶、子女等山峰。主峰山势雄伟、险峻，其他山峰则十分象形，奇特的山形似鬼斧神工，造就了一系列美丽的传说。

尕朵觉悟在藏传佛教四大神山里是最默默无名的，但它能够稳坐四大神山的宝座就说明了它的崇高、圣洁。根据史料和佛教经典记载，佛教密宗中尕朵觉悟为世间二十五大神山的其中之一，其地位和威望均名列前茅，同时神山为藏区有缘显密修行者的得道之最佳捷途。对于藏族人民来说，高度、环境、交通都不是阻碍他们膜拜尕朵觉悟山神的因素，而难于到达也为尕朵觉悟留下了一块宝贵的净土。

藏区每个地方都有自己的活佛，尕朵觉悟脚下的活佛叫做热萨活佛，本名热萨仁波切。热萨仁波切是玉树藏族自治州曲麻莱县巴干寺的主持活佛，年纪不大，他还是当地有名的藏医。他的仁慈、善良还有高超的医术，使其在当地具有很大的影响。

阿尼玛卿：曾经的“世界第一”

古代被称为积石山的阿尼玛卿又叫做玛积雪山。它巍峨地屹立在青海黄河源的腹地的果洛。虽然它不是黄河的源头雪山，但它的冰川却提供了黄河源区 70% 以上的水，可以说没有阿尼玛卿，就没有我们的母亲河。海拔 6282 米的阿尼玛卿还曾被人们认为是世界第一高峰，它就像一个遥远的秘境，遗世独立。在藏族人民的心目中，世界第一并不重要，因为阿尼玛卿山神早就在那里默默地保佑着他们，一代又一代。

阿尼玛卿山脉是黄河源头最大的山。在方圆 280 平方公里的地面共有 18 座海拔 5000 米以上的雪峰兀立在莽莽高原，山上冰雪连绵，终年不化。

阿尼玛卿在安多藏区，甚至在全藏区都具有神圣的地位，“阿尼”是安多藏语的译音，意为先祖老翁，也含有美丽、幸福或博大无畏等意；“玛卿”的意思是黄河源头最大的山，也有雄伟壮观之意。所以阿尼玛卿的涵义就是“黄河流经的大雪山爷爷”。藏族人民称阿尼玛卿为“博卡瓦间贡”，即开天辟地九大造化神之一，在藏族人民信仰的 21 座神雪山中，排行第四，专掌安多地区的山河浮沉和沧桑之变，是藏族的救护者。它和西藏的冈仁波齐、云南的梅里雪山和玉树的尕朵觉悟并称为藏传佛教四大神山。

在青海藏区，经常可以看到阿尼玛卿山神的画像，白盔、白甲、白袍，胯下白马，手执银枪，他武艺超群，降魔济贫，拥有无穷的智慧。阿尼玛卿峰有如此大的神威，自然成为朝拜之地。佳节时分，人们拿出柏香、炒面、酥油，给山神煨桑敬礼。每逢藏历的“羊年”，大批信徒到这里祭山、转山。朝拜的信徒们携带简单的行装、灶具和食物，顶风冒雪、跋山涉水、风餐露宿，以顽强的毅力绕山朝拜一周，才算尽了虔

诚膜拜之心意，达到消除罪孽，灵魂升天的目的。徒步绕山一周要花七八天时间，沿途条件很艰苦，没有顽强的体力和毅力是难以支持下来的。他们在亘古不变的转经路上体验着前世和来生的时空转换，穿过肆虐的风雪，他们可以在山神的怀抱里找到美好的精神家园及通往这个家园的天堂之路。

在朝拜途中，朝拜者会遇到许多奇奇怪怪的自然现象，如奇异的造型地貌，怪石嶙峋，变幻莫测的气象。半山中有美丽的高原草甸，雪山脚下有水草丰盛的高山牧场，泉水交错，溪流蜿蜒，灌溉着无数个草滩。夏季花团锦簇，牛羊成群。孕育着片片的原始森林，松杉遍地，古柏参天。银河落地的瀑布，各类野生动物……这一切似乎都是神赐给他们的礼物。

稻城三神山：香格里拉的地标

1928 年，闯入稻城的美籍植物学家洛克曾赞叹它是世界上最美的雪山，由此敲开了“上帝留存的花园”之门。多年以后，希尔顿《消失的地平线》描述了这片凝聚了人类终极幻想的理想王国。

对于热衷雪山旅游的人而言，不到稻城那就是终身的遗憾，因为，稻城神峰即亚丁三雪山超凡脱俗，玄妙而有灵性，让人叹为观止。稻城神峰还是少数民族供奉朝神之圣地。史料记载，稻城神峰在世界佛教二十四圣地中排名第 11 位。属众生供奉朝神积德之圣地。如今，许多藏族人喜欢来这里转山朝觐。据说转山一次等于念一亿嘛尼的功德，在藏历鸡年时朝拜，功德倍增。

稻城亚丁的三座山峰终年白雪皑皑，遥相呼应，直逼云天，摄人心魄。仙乃日（藏语观世间菩萨）、央迈勇（藏语文殊菩萨）、夏诺多吉

（藏语金刚手），这三座雪山相距不远，呈三角鼎立。

其中仙乃日雪山是亚丁景区三大高峰之首，是四川第五大山峰，海拔 6032 米，巍峨伟丽，雄剑如削，直插云霄。

洛绒草场被三座神山环绕，贡嘎河从草场穿梭，林间溪流潺潺，与牧场木屋交相辉映，构成了一幅原始而又迷人的景色，令人们进入返朴归真的境界，这里是观看三座雪山的最佳地点。长途跋涉的旅人可选择在此宿营，也可自己搭帐篷住宿。雪峰、森林、草场、溪流、湖泊、瀑布和牧场木屋相映成趣。

五色海由于在光的折射下，产生五种不同颜色而得名，是藏区著名的圣湖，据传说能“返演历史，预测未来”。

三座神山之所以能够蜚声藏区，除了它的巍峨壮观和周围奇绝的自然风光，还因为它有着神秘的宗教文化，是藏区的一处圣地，前来朝觐者络绎不绝。

“仙乃日”意为“观世音菩萨”，像是一尊慈善安详的大佛，端坐在莲花台上，在她前面的那座山是金刚亥母，她左边金字塔般的山峰是白渡母，右边飘曳着无数经幡的是绿渡母，绿渡母旁边林立的冰蚀角峰是众多降香母和妙音仙女，传说她们弹奏的天籁之音，传到仙乃日背后的地狱谷中，能让地狱中的罪人减轻痛苦，幡然悔悟，早日脱离苦海。

三清山：云雾里的变幻莫测

三清山没有黄山出名，但她被很多人习惯性地称为“黄山的姐妹山”。她集黄山的秀丽、峨嵋的壮观、庐山的灵气、华山的险峻于一身，山上怪石嶙峋，千姿百态，栩栩如生，可观景点数不胜数。玉京峰是三清山的最高峰，海拔 1816.9 米，可观日出，可览众山。

三清山的特点是奇峰怪石林立。由于处在造山运动频繁而剧烈的地带，经过 14 亿年的地质演化和风化侵蚀，三清山形成俊雅的花岗岩峰林地貌。峰体岩石多如被刀削般裂开，有的呈人形，有的呈笏状，有的如巨蟒出山，加上云雾缭绕，变幻莫测，颇有仙气。在山南梯云岭玉台上俯视诸峰，千峰笔立，气象万千，甚是壮观。

三清山的人文景观也很有特色，当地的古建筑大多为明代时建造的，至今保存了 50 多处古建筑和 200 多处石刻，很有历史和文化价值。很多古迹造型古朴、线条简约，具有鲜明的明代特点，全为花岗石所

筑，且因山就势、因岩施艺，所以达到了人工与天工的巧妙融合。

山上有许多形状奇特的古松和珍稀植物。无论在悬崖峭壁，还是峰尖石隙，苍松破石而出，凌空伸展，生机勃勃，赋予奇峰异石以生命的美感。天门石崖上的“姐妹松”树龄有400多年，枝叶相连，互相倚立；清华池畔的500年古松树冠达20米，枝如爪，形似猛兽。

三清山作为道教圣地，在古往今来均是道教人士必访之地。据史书记载，东晋升平年间，炼丹术士葛洪于三清山结庐炼丹，鼓吹人能成仙，至今山上还有葛洪所掘的丹井和炼丹炉的遗迹。于是，葛洪便成了三清山的“开山始祖”，三清山道教第一位传播者。到唐宋时期，三清山的道教已经很兴盛，三清山一带开始出现成批的道教建筑。

到元代时，三清山的道教已经分为全真派（出家）和正一派（不出家）。明朝为三清山道教的鼎盛时期，明太祖朱元璋特别推崇道教，尊张天师为全国教主，龙虎山遂成为全国道教活动中心。三清山距龙虎山仅300华里，近在咫尺，传道、化缘的方士来往频繁，联系也极为密切。到清代以后，三清山在道教领域中影响越来越大，在全国的知名度也随之提高。雍正四年（1792年）御制《钦定古今图书集成》所附的《广信府疆域图》中，正确地标出了三清山的地理位置。

1983年江西政府决定开发三清山风景资源，从此使这座道教名山成为风景名山。三清山最好的季节是春夏、夏秋之交，一般来说，三清山每年5月中旬到6月中旬，是漫山遍野杜鹃花盛开的季节，满山遍布杜鹃花。开时先是粉红，然后变紫，最后转白，千奇百艳，煞是壮观。每当花期，人潮如涌。

华山：天下第一险

对于很多人来说，挑战华山可算作一个大胆的决定。山崖有一条长蛇般蜿蜒的小路，放眼看过去，一个个小小的人影在上面蠕动着，那便是“自古华山一条路”了，不管之前是坐索道还是走路，到了那里只能徒步攀登，沿着这令人惊心动魄的羊肠小道，走向掩映在云雾缥缈中的华山顶峰。华山的精华原在一个险字。这一段路的风景就是纯粹的险峻，不能赏玩，只能体验。千尺幢、百尺峡，还有“老君挂犁”之前的那段长长阶梯，几乎直上直下，漫长而没有尽头。

华山之险，令人心惊又拍案叫绝。座座山峰陡峭且直插云霄。即使乘索车上山，也叫人心惊胆寒。人在车中，车在空中，两侧峰崖矗立，夹车而迎。身在云中荡荡飞升，魂飞天外惴惴下坠。偷眼脚下深渊，已是树身寸高、人影蚁小，早叫人不敢多视而闭目。一阵风来，车晃人摇，即使明知无险，也令人冷汗频出。

华山的最高峰是南峰，又叫落雁峰，海拔 2160.5 米，居中国五岳之首。“千步梯”，铁棒单梯悬挂于两山峭壁之间，凌空垂直而下，人须手脚并用方可攀升。而更加刺激的是“长空栈道”，是由一名古人用了 40 年时间才修建出来的道路，它是在悬崖上人工地将仅宽一尺的木板用铁架钉在石缝中，外侧没有任何防护措施，只能靠石壁上的一条铁链缓慢前进。崖顶到栈道，还有一段嵌在石缝中的铁梯，在此之下便是深不见底的悬崖。

奇峰耸立，蜿蜒于悬崖绝壁之间的逼仄山道常令游人倒吸冷气。但无限风光尽在这“奇险”二字中。所以，单纯看景并不是我们游览华山的精华所在。只有亲自徒步攀爬山峰，走过所有的险道，再站上极顶，举目四眺，观赏与奇险相映相衍的秀美山姿，方有险踩脚下、豪气顿生之感。正因为如此，才有无数的游人，像朝圣般不顾艰险，奋力攀登，只为体验这“奇险天下第一山”带来的无穷斗志与乐趣。

“夜爬华山”是华山独有的一道风景线。每到夜晚时，在电筒的光晕下，是密密麻麻的游客影子，进山的铁索升入云雾之中看不到尽头，华山由此而迎来一个又一个不眠之夜。

衡山：历代帝王的天下南岳

南岳衡山位于湖南衡阳市，素有“五岳独秀”、“中华寿岳”等美誉。

泰山在于封禅，帝王都喜欢到此展示威严；华山在于险，引来无数侠客来华山论剑；嵩山在于少林，不管出家还是俗家，功夫都很不错；北岳则在于金戈铁马，自古就是群雄夺天下必争之地；南岳在于佛道共存，一个屋檐下也能相安无事。

衡山之秀在于树，漫山遍野，郁郁葱葱。衡山不仅有北方山上常见的松柏，还有南方独有的翠竹。

衡山的云雾可与黄山媲美。人在山中行走，忽然间云蒸气蔚，原本清晰可见的一座座山峰竟被团团云雾笼罩，隐在一片白茫茫的云海中不知所处。人会感到自己像在腾云驾雾，缕缕白气从指间溜走。一阵清风拂面吹过，风过处，天空由灰而白，由浊而清，浓雾渐渐消散，远处的山峰又变得清晰可辨了。

为此，金庸在他的武侠小说中，专门为衡山派开创了“衡山云雾十三式”的武功，仅“浮云拨日”、“轻雾淡烟”、“驭风轻舞”、“魑魅癸离”等招式的命名，就可让人窥衡山云雾奇妙之一斑。

衡山是佛教禅宗南宗的发源地，山中寺庙多与南宗有关。号称“天下法源”的南台寺是禅宗七祖弟子希迁和尚驻锡之地，不仅是宣扬南宗教义的重要场所，而且和日本佛教曹洞宗同出一源；福严寺是禅宗七祖怀让和尚传播佛教的地方；天台宗三世慧思禅师创建的藏经殿则以其秀丽的景色名列南岳四绝之一。

南岳衡山寺庙林立，宫观遍布。山下的南岳大庙，东边是道教的 8 个宫观，西边是佛教的 8 个寺庙，它们开门相见，香火相通，和尚道士们在这里轮流值殿。这种佛道共存一山、同居一庙且共尊共荣、和平共处的奇特景象，堪称中国乃至世界名山一绝。

为了表示虔诚，进香一般都要跪拜。但是，南岳进香除此之外，还要唱香歌。朝拜之时，还要不断变换队形，插穿回环，像是跳集体舞，蔚为壮观。进香者“跳舞”与“唱歌”一方面对菩萨表示虔诚，另一方面便于贯注精神，以期收到“心诚则灵”的良好效果。

南岳素菜距今已有一千多年的历史，它是为接待前来祭祀的朝廷或地方官员以及前来观光的文人学士们，专门研究烹调出味美而富有营养的素菜筵席。其味道清淡爽口，色泽悦目，造型精致，色香味俱全，故而久负盛名，历经千年不衰。其中有一道菜名曰“不可思议”，看上去与扣肉无异，一上桌“肉香”四溢，起筷方知那一片片“肥肉”原来是用冬瓜制作而成的。

九华山：香火甲天下

九华山为皖南斜列的三大山系（黄山、九华山、天柱山—白际山系）之一。九华山古称九子山，因有九峰形似莲花，到唐朝时期才改名为九华山。

清晨，佛光普照，微风拂面，在弥漫着仙气的山间漫步，仿佛置身于仙境之中。这里，不仅有终日香火缭绕的佛教名刹，更有俊秀雄伟的美丽山川，佛教文化与秀丽山水在这里完美融合，移步换景，每一处皆是佛化的自然胜景，每一处景色仿佛都有着佛教圣地的圣洁与光辉。九华文化更是博大精深，在这里，儒、道、释三种文化融合，更与中国传统文化交相辉映，每到传统佳节来临之际，更是吸引了海内外众多游客争相朝拜。

天台峰是九华山的主峰，海拔 1300 多米。有“不登天台，等于没来”的说法。从九华街上天台，约 15 里山路，沿路经过很多风景点。

当你气喘吁吁地到达天台正顶，眼前的景色，将使你胸襟开阔，疲劳顿消。四周群山匍伏，远望九华街，只有巴掌那么大了。极目远眺，天地浑然一体，长江如练隐隐可见。

九华山之所以在中国佛教史上备受尊崇，其中一个原因是由于有为数不少的著名的肉身舍利。莲花佛国正因僧尼肉身现象吸引无数虔诚的人前来朝拜。

九华山之所以成为肉身舍利的圣地，得从公元 794 年一位和尚的涅槃讲起。这位和尚就是金地藏，俗名金乔觉，中国的历史书上记载其为新罗的王子。他 24 岁时削发为僧，在唐玄宗开元年间来中国求法，经南陵等地登上九华，于山深无人僻静处，寻得一处岩洞栖居、修行。金乔觉在九华山苦心修炼数十载，于 99 岁高龄时圆寂。金乔觉经历涅槃之后，肉身不坏，成为肉身舍利，实现了自己的誓愿，也促使九华山成为地藏菩萨的圣地。

九华山由此名声远播、誉满华夏乃至全球，逐渐形成与五台山文殊、峨眉山普贤、普陀山观音并称的地藏应化圣地。

历经唐、宋、元各个时期的兴衰更迭，九华山佛教至明初获得显著的发展，清代达到鼎盛时期，有寺庙 300 余座，僧尼 4000 多人，“香火之盛甲天下”。自唐代至今，九华山自然形成的僧人肉身达 15 尊，现可供观瞻的有 5 尊，其中一尊仁义师太肉身是当今世界上唯一的比丘尼肉身。佛像6300余尊，藏历代经籍、法器等文物2000余件。

九华街是九华山的中心，主要寺庙也集中在这里，因此有“莲花佛国”之称。这里实际上是一个山镇，除了庙宇外，还有学校、旅店、商店、农舍，游人可在这里住宿，并以此为起点，游览山上的名胜。

走进这莲花佛国的山门，极目所望，发现这里所有的寺院与普通的皖南民居几乎没有什么分别。寺院、尼庵与民居好像只有用颜色才能区分。在这里的寺院中，也总能找到黛瓦、天井、马头墙、木雕这些鲜明的徽派建筑特点。

五台山：古建筑的稀世宝库

五台山是我国供奉文殊菩萨的著名佛教圣地，与浙江的普陀、四川的峨眉、安徽的九华山，合称为我国四大佛教名山。

它位于山西省五台县东北隅，距离太原市230公里，由五座顶如平台、屹立环抱的山峰组成：东台望海峰、西台挂月峰、南台锦绣峰、北台叶斗峰、中台翠岩峰。站在山峰顶上，淹在云雾之中的高塔和庙宇隐约可见。峰下是清水河，水声潺潺，长年不息。这里一山一水都洋溢着美妙的诗情画意，仿佛是在诗与神话的交织之中，令人心旷神怡。

如果说山西是中国古建筑艺术的“皇冠”，那么五台山无疑就是皇冠上的明珠。五台山规模宏大的古建筑群，荟萃了中国多个朝代的佛教建筑文化古迹，融汇了佛教、道教等近十种庙宇建筑艺术和造像风格之精华，是一部篇幅浩大的、活生生的中国古建筑教科书。

五台山的寺庙建筑古朴典雅，既有历史的连续性，又有各个时代的特色，中国历朝各代，均在五台山留下了大量典型的木结构大型建筑。规模宏伟，构件精细，堪称全国罕见的保存较好的古建筑宝库。这些寺庙，多依山就势，错落有致，沿着五座台顶辐射出去，形成了一个山环水抱的古代建筑群。

唐代建筑庄重朴实，宋代建筑柔和绚丽，辽金建筑大胆减柱，元代建筑粗犷自然，明代建筑规矩谨严，清代建筑豪华精致，民国时期的建筑细腻繁杂。历朝历代样式繁多，风格各异，不一而足，构成了我国古代建筑的全景图。

除了木结构建筑，五台山还有众多的宝塔佛刹，这种诞生于古印度的高台建筑，与中国传统手法相结合，形成了独具特色的中国古塔，为中国建筑宝库增添了新的品种。五台山有砖塔、石塔、木塔、铁塔、琉璃塔、铜塔、银塔、水晶塔等诸多种类。大者高达五六十米，巍然耸立，高耸入云；小者仅 0.05 米，精巧玲珑，妙不可言。五台山的塔类建筑以“清凉第一胜境”塔院寺大白塔最为知名。

作为中国四大佛教名山之首的五台山，保存着自北魏以来历朝历代所建之塔 150 余座，被称为中国佛教宝塔艺术的“展览馆”。

其中大白塔是中国建塔史上的一项重大成就，是中国塔式建筑中少见的珍品、孤例，是研究高层建筑如何经历地震和风雨雷电侵袭而不衰的实物资料。

说起五台山，就极容易想起梁思成和林徽因，对于佛光寺的探寻与他们的爱情佳话一样，流传了将近一个世纪。20世纪初，日本学者断言“在中国大地上没有唐朝及其以前的木结构建筑”。当时年轻的建筑学家梁思成坚决不同意这种观点，但是苦于没有实证。1937年夏天，他在探访敦煌壁画的时候，看到11号洞中有一张唐代壁画“五台山图”：绘制了佛教圣地五台山的全景，古刹林立中隐约见到一座宝塔。并指出了每座寺庙的名字，其中有一座叫“大佛光寺”。这让梁思成看到了发现唐代建筑的希望。

1937年6月，梁思成夫妇与清华大学营造学社的其他两位同仁一行四人，赴山西寻找唐代古建遗存。历尽千辛万苦，6月26日的黄昏时分，他们终于在豆村附近找到了佛光寺。

普陀山：面朝大海的诗意

位列“四大名山”的普陀山，是观世音菩萨教化众生的道场。普陀山是舟山群岛1390个岛屿中的一个小岛，形似苍龙卧海，面积近13平方公里，与舟山群岛的沈家门隔海相望，有着“海天佛国”、“南海圣境”的称号。

普陀山四面环海，风光旖旎，被誉为“第一人间清净地”。山石林木、寺塔崖刻、梵音涛声，充满着佛国的神秘色彩。岛上树木丰茂，古樟遍野，鸟语花香，又有“海岛植物园”之称。

这里又是长江、钱塘江、甬江的入海汇集处。三条声名显赫的江在这里浩荡入海，那种壮阔、苍茫与雄浑，就是没有到过这里的人，都能大致想象。此般景象在中国漫长的海岸线上独领风骚。

普陀山背靠着上海、杭州、宁波、温州等城市。它们用极其深厚的江南文化时时滋养着普陀山的一山一水、一草一木。普陀山地处东海前沿，它所面对的不仅仅是日本、朝鲜和韩国，更重要的是它直面着太平洋，它一方面迎接着来自远方的蓝色文明，一方面又向彼岸传递着中华文明。

特殊的地理位置造就了普陀山特殊的人文气象，在中国历史文化的棋盘上，它就成了一枚举足轻重的棋子，它拥有了五千年中华文明最为灿烂的部分，它吸纳了海洋文明中最为耀眼的光亮，它在继往开来的临界点上肩负起了义不容辞的担当。

早在一千多年前，这里就寺庙林立，梵音朗朗。据记载，普陀山在鼎盛时期，共有三大寺、八十八庵、一百二十八茅棚、四千余僧侣，史称“震旦第一佛国”。

四千余僧侣聚集在面积只有十余平方公里的普陀山上，可以想见的是，晨钟暮鼓中，佛光与晨光相互辉映，让梵音同涛声一起交响。面对大海，朝向东方，虔诚而又庄严地举行着辉耀千年的观音道场。

千年以来，普陀山一度成为海盗和倭寇的盘踞之地，在明代时，朝廷为了海禁，遣散僧侣，焚毁寺庙，使得一个接近完美的海天佛国，成为一片死寂之地，几近废墟的程度。清朝时期，由于荷兰海盗和郑氏政权的威胁，再次禁海使得普陀山的佛教再遭深重的劫难。

屡遭劫难，又多次恢复重建，经过许多代人的精心呵护与不懈努力，普陀山已被人们视为观世音菩萨道场的圣地。普陀山也因为有观音菩萨而蜚声海内外，雄峙于佛教界。

在宋嘉定七年（1214 年），普陀山被正式定为观音菩萨道场，一直延续到今天。观音菩萨总被视为善的化身、爱的化身、美的化身。

普陀山，在三江的入海处，在中国的东海岸，面朝大海，诗意万千……

武当山：八百里云海茫茫

“武当山古建筑中的宫阙庙宇集中体现了中国元、明、清三代世俗和宗教建筑的建筑学和艺术成就。古建筑群坐落在沟壑纵横、风景如画的湖北省武当山麓，在明代期间逐渐形成规模，其中的道教建筑可以追溯到公元七世纪，这些建筑代表了近千年的中国艺术和建筑的最高水平。”

上面这一段话，出自世界遗产委员会对武当山的评语。

武当山位于湖北省西北部的十堰市境内，背倚苍茫千里的神农架原始森林，面临碧波万顷的丹江口水库。相传真武大帝在此修炼得道升天，有“非真武不足以当之”之说，故名武当山。

主峰天柱峰，海拔1612米，被誉为“一柱擎天”，四周群峰向主峰倾斜，形成“万山来朝”的奇观。武当山是联合国公布的世界文化遗产地之一，同时它也是道教名山和武当拳的发源地。

武当山古建筑群始建于唐代贞观年间（627～649 年）。明代是其发展的鼎盛时期，这一时期在武当山兴建了大批建筑，明成祖朱棣登上皇位之后，因为是从其侄儿明惠帝手中强夺来的帝位，以正统角度来看是名不正、言不顺，为了消除种种不利于己的舆论，牢牢把握住已取得的帝位，故明成祖将武当山主祀的玄武神推出来，大造玄武神护佑他的神话，宣扬天人合一、君权神授的传统观念，以此证明他强夺来的政权是合乎天意的。明成祖开始大规模在武当山建造武当山道教官观，每日役使军民工匠达二十余万人，花费了上百万两白银，用了六年时间，最终建成了八宫、二观、三十六庵堂、七十二岩庙的庞大的道教宫观建筑群。皇室的争权夺利无意中为后人留下了大量建筑文化瑰宝。

雨过天晴或风雨欲来，八百里武当云海茫茫。云海随季节、气候和风向等变化，呈现出千姿百态的奇观，美不胜收。自古以来，人们心目中的仙山：一是风景秀丽，云雾缭绕，“山在虚无缥缈间”；二是药材丰富，生长着许多奇花异草和珍奇草药。武当山二者皆备，因而千百年来这里成了道家崇尚自然，追求仙境的理想境界。

在武当之巅屹立着一座铜铸建筑，重达几百吨，完全是一个整体，没有任何钉子和焊接口。这么庞大的整体建筑是如何铸造的？又是怎么运上这 1600 多米的巅峰？它历经了数百年的风雨雷电，仍然金碧辉煌！

联合国专家考斯拉说：武当山是世界上最美的地方之一。因为这里融会了古代的智慧、历史的建筑和自然的美学。

武夷山：碧山丹水甲东南

武夷山市位于福建省北部，与江西交界，是福建省内唯一以山命名的城市。武夷山山环水抱，风景独特、稀有、绝妙，属罕见的自然美地带，是全球生物多样性保护的关键地区，也是尚存的珍稀、濒危物种的栖息地。漫步其中，处处是景，四季分明，在不同的季节里，武夷山的风景各不相同。夏季时天气多变，你可以细细观赏阴雨晴天里的武夷山水。

除了山水风光秀丽，武夷山还拥有丰富的历史文化遗存，武夷山集儒、道、佛于一身，南宋著名理学家朱熹在武夷山生活了四十余年，在隐屏峰下创办了“武夷精舍”，传道讲学、著书立说，同时引来许多知名学者，纷纷聚集武夷山创办书院、学堂，使武夷山成为南宋时期的一座文化名山。

武夷风光从古至今吸引了不少文人墨客为其写诗作画，著名旅行家徐霞客在1616年，专程到武夷山游历三天，对武夷山丹霞地貌的山水作了认真细致的考察，留下《游武夷山日记》，为武夷名山写真。

武夷山的秀美离不开水，而武夷山的水则以九曲闻名——这条举世闻名的河流发源于武夷山脉主峰黄岗山西南麓，清澈晶莹，经星村镇由西向东穿过武夷山风景区，盈盈一水，折为九曲，因而得名。游九曲，竹筏是不可少的工具。乘一竹筏从九曲而下，听艄公讲大王和玉女的故事，再看大王峰和玉女峰便是另一种感觉。听听山歌，融入山水中，细细地品味沿岸的风景，体验“人在画中游”的感觉。

《印象大红袍》是张艺谋继印象刘三姐等“印象”系列之后在武夷山推出的一台演出，舞台坐落于茶博园内，采用的是全球首个360度旋转舞台，整场演出就像是一场电影，所以可以称为“转着看电影”。整个剧场分为梯田、茶楼、平地、水域这四个表演区域，演出用艺术的形式表现了武夷山茶文化的内涵，讲述了大王与玉女的故事、大红袍的来历等。如今，“印象大红袍”已成为武夷山的文化品牌。

太姥山：看山观海

福建太姥山又称海上仙都，它挺立于东海之滨，三面临海，一面背山，主峰海拔917.3米。登临绝顶，极目东海，水在天际流，峰从海中出，以“山海大观”著称于世。

有学者考证，诗仙李白名闻天下的《梦游天姥吟留别》所魂牵梦萦的并非是浙江新昌的天姥岑，而是福建福鼎的太姥山，原因是诗句中描述的瑰丽景象和太姥山更为相似。

游太姥山的最佳时机，应该是一个大雨过后的日子，雾气弥漫，地表水流入洞中，汇成各种暗泉和飞瀑，流水潺潺，滴水叮当；山岚弥漫四合，汇成茫茫云海，直展天际，眼下群峰出没于万顷波涛之中，时隐时现，时浮时沉，恰似凌波踏浪。

刚接触到太姥山名字的时候，很多人确实是按思维定势念成“太

lǎo（老）山”，其实，正确的读法应该是“太mǔ（母）山”，因为这座山原本就是叫“太母山”。相传在远古蛮荒时代，尧帝的母亲带着女儿、女婿（盘瓠，畲族的祖先）到这里“拓土以居”，最后“羽化升天”，后人为了纪念她老人家，就称此山为“太母山”。到了汉朝，汉武帝吃过西王母从海上仙山采来的蟠桃之后，就派了东方朔出海寻仙，最后找到这里，于是就将封此山为天下名山之首，并改山名为“太姥山”。

太姥山的山体，主要是花岗岩结构，既有黄山式的峰林，又有鼓浪屿式的石蛋，大多数的景观都是在高耸的巨石上顶着一块造型奇特的石头，形成众多惟妙惟肖的肖形景观，或如道仙佛陀，或如飞禽走兽，而且很集中，主要分布在迎仙台到一片瓦地带，几乎是三步一小景，五步一大景，难怪古人赞叹：“太姥无俗石，个个似神工。”

这些石头，原本就很形象，加上附着在景观上的千百年来口口相传的民间故事，使得它们有机地串联在一起，更加妙趣横生。比如，一片瓦和迎仙台区域的景观，多数都与太姥娘娘的神话传说有关，包括太姥升天石、金龟爬壁、金鸡报晓、钟离岩、迎仙掌、仙人锯板、仙翁对弈、金猫扑鼠、蹲猴望海、云标石等等。所以，有人说：太姥山的石头会说话。

山海大观，是太姥山的最大特点，因为山脚下就是闽东北海域，这里有驴友力挺的中国最美十大海岛之一的嵛山岛，有被摄友们热捧的“我心中那片海”霞浦滩涂，更有沿着海岸线散布的众多沙滩。

即使只是在太姥山上，稍高处也可看到这些海域。有时间还可以到海边走走，山下的牛郎岗、小白鹭等海滨浴场，沙滩虽不大，但很平缓，沙质松软，金黄色，超洁净。在这里，您除了可下海游泳、沙滩拾贝、海滨漫步、岩礁垂钓外，还可以参与到许多趣味性沙滩运动和游戏中去。

长白山：长相守，到白头

一提到“长白山”脑海中闪现的是：“白色，人雪，寒冷”，其实除了白色的浪漫，它还有着其他的色彩：初春时，山坡上会开满遍地野花；炎夏时，那近在天边的一汪碧蓝幽池；深秋时，满眼五彩斑斓的松桦林带；它还有一个很好听的名字——“长相守，到白头”。

“千年积雪万年松，直上人间第一峰”，这座坐落在中朝边境的“关东第一山”，正因其一山皑皑白雪而得到“长相守、到白头”的美誉。正如一位伟人在长白山极顶发出的慨叹：人生不上长白山，实为一大憾事。

长白山像一条玉龙横亘在中国的东北边疆。浩瀚的原始森林，大树参天，蒿草伏地，枯木倒卧，古藤缠绕，树挂缥缈，呈现出最古朴最自然的原始风貌。在百余公里内海拔高度相差2000多米，可谓一山有四季，十里不同天。随着海拔的增加，长白山的气候和景观会出现层次分明的变化。游人从山下登山，到了山顶，仅仅几个小时，可是却仿佛经历了一年四季的季节变化。在山下穿短衣短裤，到了山上风衣、棉衣也不觉得热。

长白山的天池，总是若隐若现，让人想入非非。天池呈椭圆形，海拔 2194 米，平均水深 204 米。在天池周围环绕着 16 个山峰，其中 7 座在朝鲜境内，9 座在我国境内。天池犹如是镶在群峰之中的一块碧玉，这里经常是云雾弥漫，难得一见天池的全貌。

很多人前去都只为一睹天池的真面目，可惜那蓝如宝石的天池，真的是要“人品大爆发”才能看到。9 月秋高气爽，按理说北方的天气都应以晴天为主，而长白山就不一定了，海拔高的地方变化多，但是，这也是天池露出真面目概率最多的时候。

当然，最让人惊喜的，莫过于看到天池全貌，试想蓝天，与天池交相辉映，该是如何的盛景。所以，出发前一定要多关注当地的天气。

长白山除了天池，大峡谷，大瀑布、温泉，以及地下森林也很特色，既然到了何不前去游玩一番？

来长白山最不可错过的就是温泉了，水中含有较多的硫化氢气体，这种含有硫化氢、钙、镁等物质的温泉，有较高的医疗价值，对皮肤病、关节炎及风湿症等疗效甚好。尤其到了冬天，温泉周围，山上山

下，白雪皑皑，雪地冰天。而聚龙泉却依然是泉水淙淙，热气缭绕，附近的岳桦枝头，挂满了雾凇，仿佛置身仙境一般。

长白山被人类赋予了很多美好诗意的词句，但这些都不为过，这里确实是一个值得相守的地方。有人说过：如果你爱他，就跟他去长白山，因为那里能“长相守，到白头”。

苍山：面朝洱海，春暖花开

下关风，上关花，苍山雪，洱海月。这十二个字写尽了云南大理的诗意。其中苍山，与洱海相依相偎，谱写了一曲浪漫的“风花雪月”。

苍山，又名点苍山，因其山色苍翠，山顶点白而得名。苍山一共有十九峰，两峰之间夹一溪，一共十八溪；溪水东流，注入洱海。经夏不消的苍山雪，是大理风花雪月四大名景之最。皑皑苍山雪，素裹银装，在阳光照耀下，洁白晶莹。苍山的云更是名传遐迩。云聚云散，有时淡如轻烟，有时浓如泼墨。在变幻多姿的云景中，最神奇的是“望夫云”和“玉带云”。所谓望夫云是指每当冬春时节，苍山玉局峰顶常会出现一朵孤单的白云，忽起忽落，上下飘动，若盼若顾。奇特之处还在于它一出现，点苍山便骤起暴风，刮向洱海。所谓玉带云，是指每当夏末秋初，雨后初晴，苍山十九峰半山间往往会出现白云朵朵，云朵汇聚，慢慢拉开，宛若洁白的玉带横束苍翠的山腰。绵延数十里，竟日不消散。

与苍山首尾相依的是高原明珠——洱海。纵横 250 平方公里的水面，有三岛四洲九曲，碧波荡漾，水光万顷，又称玉洱。银苍玉洱之间是万顷沃土，苍山十八溪撼瀑如练，过涧穿石，奔腾到平原大地，灌溉良田。山泉绕过村庄和大理城流入洱海。城墙内外，家家门前流水，户户院内养鲜花。当夕阳西下，满天红霞被苍山收起之后，渔舟靠岸，看万顷海面，风平浪静，万籁俱寂。

苍山拥着洱海，洱海枕着苍山，这里滋生了浪漫而文艺的氛围。这是孔雀公主杨丽萍的家乡，她从小就与苍山洱海为伴，孕育了她舞蹈的灵性。艺术家赵青的“青庐”坐落在小渔村里，因势而起，融自然为一体，三面环水观苍山洱海，终日为阳光所沐——慵懒的节奏如同洱海海水般湛蓝而舒缓，双廊这个位于大理洱海东北边的古渔村，虽然不大但众多半岛星罗棋布，即使冬季晒着太阳也是暖意洋洋，坐在海边遥望苍山，享受着一份豁达与恬淡的慢生活。明月缓缓升起时，清辉洒满天地之间，水天一色，苍山的雪映在海里，海底是明亮的，水中的月儿比天上的更洁、更静、更美……

庐山：柔美的风景

中美建交后，侨居美国的国民党将军周振武的女儿周筠，回到祖国观光，在庐山游玩的途中，她巧遇有志青年耿桦。两个对祖国怀有无限热爱且充满远大志向的青年走到一起，经过短短几天的相处，他们渐渐产生了感情。然而很快耿桦便因此受到审查，周筠也郁郁离开。

十年浩劫结束后，已是清华研究生的耿桦在庐山和周筠重逢，这对相爱之人不愿再被分开，彼此约定婚期。而当耿桦的父亲得知周筠的身世时，却对这门婚事断然拒绝……

这便是《庐山恋》讲述的故事。而女主角张瑜凭借本片当选第一届金鸡奖和同年百花奖的“双料影后”。很多人认识庐山是从《庐山恋》开始的。并且，这部电影在庐山电影院365天循环播放着，创造了“放映场次最多”、“用坏拷贝最多”、“单片放映时间最长”等多项世界纪录。

庐山，坐落在江西省北部，山体呈椭圆形，绵延的九十余座山峰，犹如九叠屏风，屏蔽着江西的北大门。以雄、奇、险、秀闻名于世，与鸡公山、北戴河、莫干山并称四大避暑胜地。巍峨挺拔的青峰秀峦、喷雪鸣雷的银泉飞瀑、瞬息万变的云海奇观、俊奇巧秀的园林建筑，一展庐山的无穷魅力。庐山尤以盛夏如春的凉爽气候为中外游客所向往，是久负盛名的风景名胜区和避暑游览胜地。历代关于它的题诗极多，李白《望庐山瀑布》尤为著名。

自古以来，庐山就与名人有不解之缘。西汉时，史学家司马迁亲登庐山考察，并将其记入《史记》，还有李白、白居易、苏轼等等，他们不仅登临庐山，而且留下了脍炙人口的诗篇佳作。古代书院的代表之一白鹿洞书院位于庐山脚下，它因理学家朱熹重建而闻名天下。

到了近代，庐山最值得一提的是山上众多名人别墅。最有名的是蒋介石夫妇曾居住过的美庐别墅和为毛泽东修建的芦林一号别墅。

“美庐”始建于1903年，由英国兰诺兹勋爵建造，1922年转让给巴莉女士。巴莉女士与宋美龄私人感情颇深，1933年夏，巴莉女士将此幢别墅让给蒋介石夫妇居住，1934年干脆将这幢别墅作为礼物，赠送给宋美龄。从此，宋美龄成为了这栋别墅唯一的主人。

1948年，蒋介石为此别墅题名并镌于别墅旁边的石头之上，始有“美庐”之名。

就是在美庐别墅，蒋介石与周恩来进行了多次谈判，最终达成两党合作抗日的一致意见。毛泽东在庐山留下了诗词《登庐山》，还曾先后在此撤掉彭德怀和林彪的职务，给庐山留下了至今还难以说清楚的谜一样的故事。此外，山上还有朱德曾下榻的别墅，国民党元老李烈钧的别墅，外国女作家赛珍珠的别墅——这所别墅现在已经被改成赛珍珠纪念馆。赛珍珠创作的以中国农民为题材的小说《大地》曾获诺贝尔文学奖。

在庐山东谷区数百座别墅中，如今被国务院列为“全国重点文物保护单位”的庐山别墅除了“美庐”与“芦林一号”两座外，还有刘少奇、彭德怀、周恩来、邓小平、林彪、朱德、汪精卫住过的。

所以，如果你能了解庐山、感受庐山，那么你就是在阅读一部中国文化史的长卷。

张家界：迷上“潘多拉星球”

自2009年末大型科幻电影《阿凡达》在全球上映后，片中潘多拉星球上美轮美奂的“哈里路亚山”犹如梦中仙境，让人惊叹，令人向往。其实，如此神奇绝美的风光离我们并不遥远，“哈里路亚山”的实景原为张家界武陵源风景区的南天一柱（又名乾坤柱），而片中许多主要场景的原型也都来自此地。这块身处现实世界的仙境散发出的神秘气息，吸引了《阿凡达》导演卡梅隆的目光，于是幻化成虚拟世界里流传百世的经典画面，从此被全世界广泛关注。

“过南天门上行120米，东南幽谷峰林中有一高达200多米的孤峰，宛如擎天玉柱。上部灌木点缀，中部岩身赤裸，下部树木遮掩，峰体浑圆、伟岸，因立南天门下而得名。”南天一柱仿若刀劈斧削般巍巍屹立于张家界，有顶天立地之势。

不单单是南天一柱，张家界景区内三千奇峰拔地而起，八百溪流蜿蜒纵横，林海莽莽，山花烂漫，被誉为“中国山水画的原本”。

实际上，“张家界”是个统称，到达张家界之后才逐渐明白分辨出来，张家界市里有“武陵源区”，因为整个张家界森林公园坐落于这个行政区里面，所以景区总称为“武陵源风景名胜区”，名胜区里再细分为张家界国家森林公园、袁家界、杨家界、天子山和索溪峪等 5 个部分。

袁家界景区是张家界世界自然遗产核心中的核心，是唯一设定的特级保护区，海拔 1000 余米，四周陡壁悬崖，矗立在武陵山区之中。乘坐高达 326 米的百龙天梯，不到两分钟袁家界的美景便赫然展现眼前。山顶有难得的一块平地，至今仍有少数土家人居住，他们世世代代在这被称为“空中田园”的凌空平台上耕种生活，繁衍生息。而与山顶的豁然开朗不同的是，大峡谷以空气中饱含负离子和水质清澈著称，据说现在还有娃娃鱼存活于这里的金鞭溪中。

去张家界旅游观光的人们，无不对武陵源奇特的砂岩峰林地貌和九天洞、黄龙洞神奇的地下喀斯特景观感到惊奇，并被它惊人的魅力所倾倒。实际上，张家界地貌是砂岩地貌的一种独特类型，它是“在中国华南板块大地构造背景和亚热带湿润区内，由形状近水平的中、上泥盆统石英砂岩为成景母岩，以流水侵蚀、重力崩塌、风化等营力形成的，以棱角平直的高大石柱林为主，以及深切嶂谷、石墙、天生桥、方山、平台等造型地貌为代表的地貌景观”。从这么长的名词解释中，你不难想见它的卓绝。

雁荡山：徐霞客的钟爱

雁荡山形成于1.2亿年前，是一座典型的白垩纪流纹质古火山，全山总面积450平方公里，景点550多处，辟有八大景区，其中灵峰、灵岩、大龙湫精华荟萃，被称为“雁荡三绝”。

雁荡山有着独特的品格，“日景耐看、夜景销魂”，“观山景、尝海鲜”，“一景多变，移步换形”。这是它区别于中国其他名山大川的三大特色。

“奇峰、奇石、奇瀑、奇洞”，雁荡山集天下之“奇”，无怪画家潘天寿赞叹雁荡山景观为“怪诞高华，令人不能想象”。

古代的雁荡山由于独到的地理位置和环境，使得人迹罕见，虽明代的大旅行家徐霞客曾三顾雁荡，最后也不得不掷笔而叹：“欲穷雁荡之胜，非飞仙不能。”正由于如此，我国古代厚重的历史人文才没有涂抹到这里。这“始于唐、盛于宋”的雁荡山来晚了一步，未能在“三山五岳”之中分得一席之地，也未留下过历代封建帝王的足迹，就连道教神谱上的任何一位“大帝”也未被搬进过这里。在这时空流转之中，只有飞临山顶栖息的秋雁于苍苍蒹葭之中，年复一年地在这里守望着这雁荡的奇秀与空灵。

进入雁荡山景区，远远近近的山上在满眼的绿色中到处挂着白色的瀑布。雁荡山最迷人的是瀑布，古人曾有诗曰，“有峰皆卓立，无瀑不狂飞”。看雁荡山，在一场大雨后来最美。

徐霞客在其一生中走遍神州大地，曾经三游雁荡，并写下长文详细记述。徐霞客第一次游雁荡，历时 5 天。此次是其对于古书中提到的雁荡山的优美风光的向往，以及对《大明一统志》提到的雁湖是大龙湫源头说法心有质疑。一路上奇峰怪石，美不胜收，晚宿灵峰寺，接下来几天又陆续游览了灵岩寺、小龙湫以及大龙湫等景点。一边游览一边寻找雁湖，结果进入了绝路，徐霞客试图沿峭壁下山，一失足差点儿跌入山谷，幸被一株小树所拦。

时隔近 20 年后，崇祯五年早春时节，46 岁的徐霞客重整行装，与族兄徐仲昭一起再游雁荡。同年四月二十八日至五月八日，徐霞客第三次考察雁荡山，历时 11 天。这次游历主要记录了他探灵峰洞、天聪洞、大龙湫、屏霞嶂等地的观感，此次游记较为具体，对所游经历的细节皆备述其详，生动可感，如游天聪洞时，描绘践木登升的过程即“梯穷济以木，木穷济以梯，梯木俱穷，则引绳揉树”等细节，不但生动，而且也显示了与自然搏斗的精彩场面。

徐霞客三游雁荡，历经艰险，仍坚韧不拔，勇往直前。据其日记记载，他为了探究大龙湫之水来自雁湖的传说，在初游雁荡时，在道人引导下，拄杖携仆在长满荆棘的崇山峻岭间攀登，常在无路可走时，披荆斩棘前进。

此情此景，至今仍让人动容。

博格达峰：天上的雪海

博格达峰上的积雪终年不化，人们叫它雪海。在博格达的山腰上，有一个名叫天池的湖泊，池中的水都是由冰雪融化而成，清澈透明，像一面大镜子。洁白的雪峰，翠绿的云杉倒映湖中，构成了一幅美丽的图画，是新疆著名的旅游胜地。

博格达山是北天山东段的主要山体，西从乌鲁木齐断裂带崛起，一直延伸到巴里坤境内，全长300多公里。其间峰峦叠嶂，险峻无比。博格达山和它的母体天山一样，是世界上最年轻的山脉之一，它在三亿年前的造山运动时于海水中初露头角，及至六七万年前的喜马拉雅造山运动时才脱颖而出。“博格达”蒙古语意为“神”、“灵”，它拔地而起，直插云天，大有横空出世的派头。因海拔5445米的主峰博格达峰一年四季冰封雪冷如银甲披挂，古代蒙古人敬奉为“神山”而得名。这是一座充满了灵性的山峰，是新疆的象征，是乌鲁木齐的守护神。

博格达峰海拔高度虽然并不惊人，但登山难度绝非寻常。在主峰的东西，分别排列着 7 座 5000 米以上的高峰。博格达峰的峰体由古生代辉长岩、辉绿岩岩体构成，同土耳帕拉提峰（5287 米）和朱万铁列克峰（5213 米）在 2 公里的距离内 3 个峰尖紧依并立而成笔架形，高耸于群峰之上。

当你克服重重艰难险阻，置身于博格达峰脚下时，你会欣慰地发现，在人迹罕至的博格达冰峰雪岭之中，人是那样的渺小，而山和自然是那样的博大。

此峰虽然在 1980 年以前就有英国和苏联登山队前来攀登，但直到 1989 年才由日本京都登山队首开登顶记录。1998 年乌鲁木齐市登山探险协会登山队 8 名队员，首创中国人登顶的记录。

夏季，博格达峰登山大本营附近的景色宜人，白云、雪山、冰川、冰湖、含苞欲放的雪莲花，无不令人赏心悦目（天山雪莲是国家保护植物，万万不可随意摘采）。

在天山的诸多主峰之中，博格达并非最高，其海拔高度也仅能排名第三，然而它的名气却远在诸峰之上。长期以来，在西部各民族的心目中，博格达是最富有神性的山峰，它一直被人们视为神灵而加以膜拜。骑者见之下马，行者见之叩首，就连官员路过此地也要停车下拜。有一则叫《沙勒哈沙曼》的民间故事就有这方面的描述。故事说牧民们把博格达山称为“圣人”，而把博格达山上的石块视为圣人使用的石头，用这里的石头作武器去打击敌人无往而不胜。由此可见博格山在古代西域民族心中的地位。

博格达以奇为著，以险为绝，三峰昂天挺立，银装素裹，神峻异常。三峰之下更是千峰竞秀，万壑流芳，景色迷人。目力所及，遍是原始森林和山甸草原，葱茏青翠，风光如画。登博格达山，最让你赏心悦目的是，能在一日之内可见到四季之景。

云台山：最美还是红峡谷

云台山作为旅游文化名山，从汉末至今的两千多年间，不但吸引了众多的帝王将相、文人雅士的青睐，佛教、道教也接踵而至，并在此互相影响，生根开花，演绎出灿烂的云台山宗教文化，使云台山成为一座底蕴厚重的宗教名山。

云台山山势嶙峋，岩壁层深，多有凡人罕至之处，这里泉瀑飞流，林幽景美，有世界独一无二的奇峡红石峡，有亚洲最高落差的云台天瀑。

这里是道家所倡导的理想修行之处，因此道教在汉末形成后，就将云台山列为七十二福地之一。事实上，也多有得道高人在此活动，如魏晋时期的王烈和孙登，王烈食黄精、石髓，寿命长达300多岁。

云台山独有的地质地貌景观，被地质专家命名为“云台地貌”，被旅游专家誉为“峡谷博览”，这里俨然是地质博物馆的“万卷史书”，更是山水风光的“百里画廊”。游览云台山，不仅可以领略到山水的外在秀美，还可以了解到自然的神奇演变，既是一次山水风光旅游，也可以是一次地质科普旅游。

因红石峡特殊的地理地貌，形成了峡谷内的小气候，冬暖夏凉，温度适中，仿佛处在恒久的温暖中。

红石峡是我国北方地区少有的丹霞地貌峡谷，峡谷两边刀劈斧砍般的红色崖壁相对峙，火红色的一层层岩石，像熊熊烈火一般。它集泉、溪、潭、涧、瀑布、怪石诸景于一谷，是一个非常雄伟秀美的地下大峡谷。红石峡的泉、瀑、潭是那么多。三步一泉，五步一瀑，十步一潭，只见一条条瀑布从天而降，水花飞溅，在阳光的照耀下，闪着耀眼的光芒。

人工修筑的栈道紧紧贴在红色的岩壁上，顺山就势地伸向峡谷深处，进出不走回头路。要通过高高的石桥走到对面山崖，沿着曲折的小路下到谷底。当站在石桥上俯瞰整个峡谷时，不禁令人称奇叫绝。

沿着陡峭的石梯下山谷，山石层层叠叠，贴着山崖前行，小道弯弯曲曲，最窄处只容一人通过。若是不小心，个子高的人难免不会被山石碰头。

红石峡内有九处龙潭，处处水声潺潺。一潭潭的碧水，或平静得像绿宝石一般，妩媚恬静，轻轻地细水长流；或碧波荡漾，热情活泼地奔泻而下成银光闪闪的瀑布，让人心情激荡，陶醉其间。

红石峡是云台山的精华所在。峡谷里，碧绿的潭水映衬着朱红色的山体，鲜艳亮丽无比，人间居然能有这么好的景致！整个一幅大气磅礴的立体山水画卷，人在画中行，水在画中流，真是美不胜言。

年宝玉则：天神的后花园

站在年宝玉则景区的入口仙女湖畔，芳草萋萋的草甸上织锦般洒落着各色野花。而蓝色湖水背后，则伫立着年宝玉则的皑皑雪峰。夏天的年宝玉则，就是天神的后花园。绿绒蒿，格桑花，金莲花，高山杜鹃……在神山仙湖畔肆意怒放着。

年保玉则藏语意为圣洁的松耳石峰，又称果洛山、年宝叶什则，位于青海省久治县境内，南连四川甘孜藏族自治州，东邻四川阿坝藏族羌族自治州，自西往东绵延四十多公里。主峰海拔为5369米，终年积雪，有面积约8平方公里的高原冰川，壮观的冰体与鬼斧神工般陡峭的山岩和180个湖泊使年保披上了神秘的面纱。山间有湍急的溪流和清丽的流水，涓涓小溪从山岩中穿过，从乱石中翻滚而过，吐出无数道白沫。来自天边的一道道瀑布似白帘般垂落，似银河般洒落人间。

从亿万年前大地造山运动造就了青藏高原的那一刻起，巴颜喀拉山脉东南部逐渐隆起一座著名的山峰，那就是被誉为果洛发祥地而受到人

们尊崇的神山——年保玉则。

年保玉则山高水多，是出了名的，相传有山峰3600座，湖泊360个。相传，那一个个美丽的湖泊是年保玉则山神大战恶魔负伤后血滴溅落下来变成的。瑶池水落也有说当年孙悟空大闹天宫时扳倒瑶池，池水落入年保玉则而形成的，其中位于年保玉则西北山脚下的两个十分美丽的湖泊，最为著名。其形像一双清澈美丽的大眼睛，面积约10平方公里，两湖之间以河为纽带，相互沟通。最大的湖叫“西姆措”（意即仙女湖），据说，牧羊姑娘经常用湖水洗耳沐浴梳妆，变得一个个美丽异常，像天女下凡，由此得名“西姆措”。而恶魔被杀死后，就变成了“妖女湖”，据说恶魔死后，魂灵不散，就幻化成美艳少女，经常上岸迷惑年轻的小伙子，故而得其名。

每年有转山的信徒，带着干粮来朝拜果洛神山。他们用自己的脚步丈量大山，走过仙女湖、妖女湖边，直到年保玉则主峰脚下，然后绕着山脚转完整座大山（不光是主峰）。这样的旅程，至少需要20天至一个月。这是个艰辛的路程，但是藏民们带着他们的虔诚上路，栉风沐雨，迎风披雪，换来内心的宁静。

对于户外者来说，在年保玉则徒步，比想象中要困难。虽然云雾缭绕的年保玉则和美丽的湖泊，让人感觉身处仙境。夏季的年保玉则往往是这样，很难碰到好的天气，每天或许只有不到一半时间的晴天，但是在这一半的时间里你便感觉深处天堂，而剩下的一半时间，或许你会感觉身处地狱。

高黎贡：植物的王国

地处怒江大峡谷的高黎贡山，对于很多人来说，可能还是一个陌生的名字，然而，这条跨越了五个纬度带、巨龙一般的山脉，却是地球上现如今唯一保存有大片由湿润热带森林到温带森林过渡的地区，是世界上极其珍贵也极其稀有的生物多样性十分突出的地区。

说起云南，人们常常会用"一山分四季，十里不同天"来形容气候的立体分布，其实，这句话最初指的就是高黎贡山。高黎贡山山顶终年云雾缭绕、寒气逼人，夏无酷暑、冬无严寒，山脚的怒江河谷一年四季烈日炎炎。随着气候的改变，植被和生态也迅速改变，所以，高黎贡山具有十分显著而罕见的植被和生态类型的垂直分布。

在高黎贡山自然保护区这块面积仅 12 万公顷的土地上，已有记载的高等植物达 4600 多种，其种类占全国高等植物种类的 17%。有 500

多种高等植物为高黎贡山地区的特有种和珍稀种，高黎贡山北连青藏高原，南接中印半岛，因此无论是在气象学还是生物学上，都具有从南到北的过渡特征。在高黎贡山上，从青藏高原到中印半岛以及本地种属的动植物都可以见到，很多古老物种被保存下来，于是高黎贡山也就成为了中国云南这个世界“动物王国”、“植物王国”中最巨大，也最宝贵的一片领土。她拥有“雉鹊类的乐园”、“哺乳类动物祖先的发源地”、“东亚植物区系的摇篮”等令人肃然起敬的称号。

高黎贡山是中国国家级自然保护区、世界生物圈保护区、三江并流世界自然遗产的重要组成部分，是具有国际意义的陆地生物多样性关键地区，也是具有国际重要意义的 A 级保护区。

高黎（又叫高丽或高日）是景颇族一个家族名称的音译，“贡”为景颇语，是“山”的意思。高黎贡原意为“高黎家族的山”，后来的汉族按自己的习惯在“高黎贡”后面又加“山”，最后形成高黎贡山的名称。

在高黎贡山内保存有公元前四世纪著名的南方丝绸之路，这条古道从成都出发到昆明、大理、保山，翻越高黎贡山，经腾冲到达缅甸、印度、阿富汗。它比北方丝绸之路要早 200 多年的历史。

跋涉在古老的驿道，往日繁华喧嚣的古道成了一部无言的史书。踏着爬满翠绿苔藓的石板，摩挲脚板的是不知飘零了几千年的落叶，苔藓与落叶掩盖了古道昔日的传说。

张掖丹霞：令人疯狂的绝色诱惑

张掖丹霞地貌距张掖市40公里，集中分布在临泽、肃南、甘州境内，面积达536平方公里以上。这里的丹霞地貌发育于距今约200万年的前侏罗纪至第三纪，造型奇特，色彩艳丽，是我国干旱地区最典型和面积最大的丹霞地貌景观，数以千计的悬崖山峦全部呈现出鲜艳的丹红色和红褐色，相互映衬各显其神，展示出“色如渥丹，灿若明霞”的奇妙风采，把祁连山雕琢得奇峰突起，峻岭横生，五彩斑斓。

姜文执导的电影《太阳照常升起》、钱雁秋编导的电视连续剧《神探狄仁杰（第三部）》、张艺谋导演的电影《三枪拍案惊奇》等影片均把该景区作为外景拍摄地。随着电影《三枪拍案惊奇》热映，张掖丹霞地貌国家地质公园也成为观众热议的焦点。

如用文字来表达，仅有两个字：震撼。其气势之磅礴、场面之壮观、造型之奇特、色彩之斑斓，尽显大自然的鬼斧神工，令人惊叹。它不仅具有一般丹霞的奇、险，而且更美的在于色。在方圆 10 多平方公里的范围内，随处可见有红、黄、橙、绿、白、青灰、灰黑、灰白等多种鲜艳的色彩，把无数沟壑、山丘装点得绚丽多姿。在阳光的照射下，有的似金色的麦垛、金字塔、堡垒、殿堂、亭阁；有的连座成峰，绵延数里，从高处眺望，好似一段色彩十分艳丽的丝绸飘在大地上；有的在阳光下突出暴露，绽放出炫人眼目的光彩，似五光十色的宝石璀璨……张掖丹霞地貌以它那层理交错的线条、色彩斑斓的色调、灿烂夺目的壮美画图，构成一个彩色童话世界。

2005 年张掖丹霞地貌被《中国国家地理》杂志评为“中国最美的七大丹霞地貌”之一。被国内丹霞地貌权威、中山大学教授黄进先生评述为“张掖窗棂状宫殿式丹霞地貌中国第一”、“张掖彩色丘陵中国第一”。

张掖丹霞山体之色，并不只有如火的红艳，洁白与土黄的相间才是上帝心中的色彩。轻重不一的每一次落笔都是这位天地间最神奇的画师心血的结晶，雄伟山体间的每一次描绘则是这位寰宇间最天才的绘者灵感的闪现，而那骄阳与山峰所共同营造的光影则是这位无与伦比的艺术家最后画龙点睛的一笔。

既然是集天地万物于一体的产物，当然不能缺少我们人类。不立于山巅，您如何能知此山之雄，众多数百米高的悬崖峭壁拔地而起，危崖劲露，光滑削齐，气势磅礴，苍劲雄浑。俯望之下，只觉眼前的群峰不过是一幅油画巨制上那凹凸不齐的颜料色块。这是一种纯粹的自然之美，充满了不加雕琢的张扬和毫不掩饰的奔放，将那份西北旷野上的阳刚之美渲染到了极致，也将那色彩带来的绚丽变为了无法抗拒的诱惑。

小五台山：给我一朵金莲花

位于河北省涿鹿县与蔚县交界处的小五台山，由东西南北中五个山峰组成，山区海拔为800 ~2882米之间，但为了区别于山西五台山，因此得名“小五台”。东台为河北省第一高峰，有“河北屋脊”之称；五峰拔地而起，直冲苍穹，遥望相峙，犹如五颗璀璨夺目的明珠镶嵌在京西之巅。

特别是在盛夏时节，群山滴翠，山泉从峭壁断崖上飞泻而下，像千百条闪耀的玉练，汇成一流沿峡谷呼啸而下，为寂静的大山增添了无限生机。

每一座名山大川都有一个神奇的传说，小五台山也不例外。相传春秋战国时期，一怪物喝干了赵国境内神仙峰下的溪水，一位名叫武彩的姑娘不辞辛劳地挖井寻水，挖到第100口井，武彩和怪物搏斗，最后同归于尽。后来武彩和怪物变成了五座大山，为纪念武彩，把这五座大山唤作“武彩山”。不管小五台山有着怎样的传说，它的确让人折服于时间的无限、空间的渺茫，值得人们不远千里、风餐露宿地赶去。

小五台号称华北的屋脊，但是对于大多数人来说，可能只知道位于山西省境内的五台山，而从来就没有听说过还有个小五台山。

在国内户外、徒步登山圈子里却几乎无人不知，小五台山已经成为了户外爱好者的天堂，登山者的入门标志。那里有保护完好的原始森林，由于小五台山海拔高、地形复杂，使得这里植物种类繁多，以菊科、禾本科、蔷薇科、豆科植物最多。国家重点保护的植物胡桃楸、野大豆、膜荚黄芪等这里都有，我国特有的虎榛子、蚂蚱腿子和文冠果、臭松等也有少量分布。

每年6月底7月初，小五台会有漫山遍野的金莲花盛开，大批户外爱好者选择此时前往登山、赏花、露营，享受一次在山野间放松自己、亲近自然的乐趣。

金莲花是我国东北、华北地区的野生花卉，生于海拔800～2200米山地草坡或疏林下，花期6～7月，花可入药，有清热解毒、祛瘀消肿的功效。

目睹过小五台的金莲花海的人，都会被这迷人的景致震撼。海拔2000米以上的高山草甸上，开满了黄灿灿的金莲花，斜斜的山坡上，一片金黄色的花海，绚丽夺目。真是“花如云海、叶似潮涌”，加上缥缈的云雾，雄浑苍劲的山体，景象如梦似幻。想看到这样美妙的景色必须穿越茂密的森林，攀爬超过45度的大坡，横切陡峭的山脊，垂直上升1000~2000米，方可一睹这仙境般的美景，那种“行到无穷处，坐看云起时”的感受只有真正实践过的人才能深切体会。

小五台山不仅以绚丽的山地风光引人入胜，更有禅宗文化的千年积淀。相传当年文殊菩萨出家修行，被这里恢宏的山势、茂盛的植被和淳朴的民风所吸引。金河寺群峰之上的72座塔林，如今仅残存4座。

“生如夏花之绚烂，死如秋叶之静美”，小五台便是这么一个让人迷恋的地方。在户外圈流行这么一句话——“如果你恨她（他），带她（他）去小五台，因为那里是地狱；如果你爱她（他），带她（他）去小五台，因为那里是天堂。”

云南雪岭：灿烂如火的日照金山

昆明之巅——拱王山海拔超过4000米的山峰多达39座，其中三大主峰分别为轿子雪山、马鬃岭、雪岭。昆明最高峰雪岭就在其主峰火石梁子上。

拱王山是滇北的一个山系的大概念，海拔4000米级的山峰在地图上可找出35座之多，以山峰的数量和密集程度而言，可类比于欧洲的阿尔卑斯山脉。

雪岭，海拔4344米。按照史书上记载，雪岭这个名字最早见于清雍正年间的《东川府志》上，当时称为雪山。关于雪岭的传说有很多，其中一个最古怪，说的是这座山上有五峰，其中最高的露觅峰，能够不时地往上长，然而它每长一次就会被雷击一次，所以雪岭又被叫做“雷打山”。

雪岭山势险峻，立体气候明显。这里奇特的冰蚀地貌，万亩杜鹃花海及高山天池、七彩瀑布共同构成了“滇中第一峰”的绝世美景。山顶半年积雪。在晚霞的映照下，远眺雪山呈现瑰丽的橘红色，灿烂如火，异常壮美，老百姓称之为“雪火岭”。

春夏时入山，绿茵之间是大片大片的马缨花，浓烈层染，煞是好看。瞰视峰丛和山间嬉戏的白云，会有“一览众山小”、“手可摘星辰”的自豪。

雪岭一旁是马鬃岭，海拔4247米，为滇中第二高峰，与雪岭相依。雪岭的东南侧是海拔4000米的白石岩子，这块如同一块巨大白石石板的山体仿佛被砍削过一般，与雪岭夹峙出一条可怕的山谷，变幻不定的云雾在其间缭绕，石壁透出如芒在背的杀气。

因为雪岭地势险峻、山形多变、美丽壮观，所以每年都会吸引不少登山者前来探险。雪岭的顶峰寸草不生，都是风化、雨水侵蚀过的乱石。由于峰顶气候恶劣多变，常年积雪，风力可达六级以上，而且时时有雾、雨等，四周都不能看得很清楚。在山顶上，人会顿生对大自然的敬畏之情，因为相比之下人类是那样渺小。

雪岭的攀登历史最早可追溯到 1991 年 4 月 22 日，在那一天，昆明登山（旅游）探险协会的 6 位登山爱好者，为纪念世界第 20 个地球日，首次登顶了雪岭。6 人在顶峰上褪下衣裳，挽手高举，以向大自然表达自己的赤子之心。

佛顶山：动植物基因库

具有“动植物基因库”之称的贵州佛顶山，位于黔东南、黔北、铜仁交界处，横跨三地，主峰坐落在石阡县境内甘溪乡南部，海拔1869米，兼有泰山之雄伟、华山之峻峭、衡岳之烟云、峨嵋之清秀、雁荡之怪石。自然风光、人文景观和梵净山难分伯仲，从古至今乃是佛教圣地。

贵州佛顶山自然保护区，保护着大面积原生状态的森林，是一座动植物和微生物种资源的宝库。山中有植物1069种，其中有国家一级保护植物珙桐和红豆杉，二级保护植物水青树、香果树、鹅掌树、野茶树，三级保护植物白辛树、天麻、八角莲等。142种鸟类和50种兽类中，被列为国家一级保护野生动物的有大灵猫、小灵猫、猕猴、豹、青鼬、斑灵狸、林麝、飞虎等 11 种，国家二级重点保护的有红脚隼、红隼、松雀鹰、鸳鸯、白冠长尾雉等 12 种。

除了贵州的这座佛顶山外，在辽宁也有一座佛顶山。更巧的是，辽宁佛顶山也以动植物资源丰富著称。

辽宁佛顶山自然保护区，不但动植物种类繁多，而且还保持了原生状态的完整森林生态系统，是开展科学研究的良好基地。由山麓到山顶，可分为四个不同的自然景观带：即阔叶林带、针阔叶林带、岳桦林带、高山苔原带。这里还有第四纪冰川浩劫幸存下来的世界稀有的古化石植物紫杉（东北红豆杉），以及闻名国内外的天女木兰。20 世纪 60 年代曾引起世界植物分类学家及古生物学家极大兴趣的双蕊兰，也是在这里发现。

辽宁佛顶山的植物区是长白山植物区系的一部分，因植物物种丰富，群落组成复杂，垂直分布带谱比较明显，被称为东北“小长白”。在这座庞大的山脉体系中，可以看到原始风光、历史风光、军用设施和山水风光，特别是金秋十月，雾海红枫，醉倒游人。佛顶山因其像一座佛，头顶光秃，前方乃木盂子镇，山体是一佛手敲木盂，因而称其为佛顶山，也是国内摄影爱好者的理想创作之地。

登上山顶，云雾缭绕。其壮美为历代人所赞美。据考证，抗日名将杨靖宇也曾在佛顶山留下足迹，使其更具有浓厚的历史人文色彩。所以它也是人们旅游休闲，体会大自然的理想之地。

天柱山：擎天一柱天地间

有“古南岳”之称的天柱山坐落在安徽省潜山县境内，濒临长江，属首批国家重点风景名胜区、国家4A级旅游区和全国著名森林公园。公元前106年，汉武帝刘彻南巡，封天柱山为“南岳”，后隋文帝杨坚志在南疆，改南岳为湖南的衡山。南岳南移以后，人们仍尊称天柱山为“古南岳”。

天柱山地处大别山的东南麓，属南北交汇地带。因而它兼具北山之雄伟，南山之秀丽。333平方公里的景区内，以雄、奇、灵、秀的自然风光著称于世。

这里是峰的海洋。主峰——天柱峰，海拔1488.4米，它浑身石骨，状若石柱，直指苍穹。白居易有诗赞：“天柱一峰擎日月，洞门千仞锁云雷。”在主峰的周围，有海拔千米以上的雄峰45座，构成了一个奇特的“峰海”。这里是石的国度。天柱山是石头垒成的山，越到山顶，石头越多，有的山峰本身就是一块整石，给人铁骨铮铮的感觉。天柱山的奇石就遍布在众山之中，如：鹦哥起舞、蜒蚰爬壁、娘娘晒鞋、犀牛望月等，栩栩如生，惟妙惟肖。这里是洞的世界。天柱山知名的山洞有53个，其中大多汇集在海拔千米以上，其中尤以被誉为“全国花岗岩第一秘府”的神秘谷最为著名。置身洞中，仿佛进入洞天世界，迂回盘绕，其乐无穷。这里是水的宝库。天柱山被两河（潜河、皖河）夹峙，水资源十分丰富。由九条瀑布组成的瀑布群，令人叹为观止。飘云瀑犹如一条七色彩带飘荡在山间，全国第三大高山平湖的“炼丹湖”犹如一面明镜，镶嵌在群峰之中。

天柱山气候温和，雨量充沛。特殊的环境给植物的生长提供了良好的条件。天柱山现有植物119科，形成了“杜鹃闹春、白莲嬉夏、红叶醉秋、黄杨笑冬”的奇特景观。由于天柱山森林茂密，植被完好，因而这里又是动物的王国，至今仍有虎、豹、野猪、小灵猫等珍禽异兽出没其间。

天柱山能跻身于首批44个国家重点风景名胜区之列，不仅因为有着独特的自然资源，更在于它拥有丰富的人文景观，是一座历史文化名山。天柱山历史悠久，早在春秋时期，这里就是古皖国的封地。由于皖伯大夫体察民情，施行德政，皆称山为“皖山”、水为“皖水”。安徽省的简称“皖”来源于此。我国最早的长篇叙事诗《孔雀东南飞》的故事发生地亦在于此。诗中主人翁焦仲卿、刘兰芝之间悲壮的爱情故事至今仍广为流传。自古江南出美女，三国佳丽大乔、小乔便是天柱山人。从胭脂井的遗址旁还能想象她们当年对井梳妆的倩影。历代名人如李白、白居易、苏轼、王安石、黄庭坚等，对天柱山情有独钟，他们不仅在此存留了近400方的摩崖石刻，而且还将此地作为自己理想的归宿。此外，天柱山一直是佛道两教明争暗夺的宝地。道家尊天柱山为第十四洞天、五十七福地，佛教禅宗三祖的道场也设立于此。如今，三祖禅寺已被国务院列为全国重点对外开放寺院之一。

一方水土育一方人。天柱山钟灵毓秀、人才辈出。京剧鼻祖程长庚、现代通俗小说大师张恨水、杂技皇后夏菊花、黄梅戏新秀韩再芬等等，一代又一代优秀的天柱儿女从这里走了出去，他们有的成为历史名人，有的成为时代精英，皆是天柱人的骄傲。

得天独厚的自然风光和博大精深的人文景观给我们带来了丰富的旅游资源。把最美的风光，最好的景点开发奉献出来，已成为当代天柱人的神圣职责。

太行山：悬崖上的村庄

从中国沿海平原一路向西，遇到第一个猛烈抬升的地貌，就是太行山。以太行山这条纵线为标志，大陆地貌由平原上升到第一个台坡，从上至下分别是内蒙高原、黄土高原、云贵高原。平原与高原的接壤处，大山林立，气势雄伟。

太行山的美是雄浑壮丽的美，但是身处太行山腹地的村落却因这山势的艰险而常年与世隔绝，少有人问津。太行山早在西汉之前就有人住居，一代枭雄曹操曾为了北伐高干而亲征，路过太行山，见行路艰难，有感而发，著《苦寒行》一诗以抒心中的郁闷。由于太行山特殊的地理特征，山中小路多倚靠峭壁而建，由石板堆砌，沿着陡峭的山势而上，立于山下而望，如同天梯一般。现在虽然已有宽阔的盘山公路，但是这种道路却被山民们祖祖辈辈走了一千多年。

郭亮，一个太行山脉台坡顶上的小村庄，有着号称中国科罗拉多大峡谷的美誉。郭亮村位于郭亮崖之上。虽然条件艰苦，但是郭亮人祖祖辈辈生活在这里，一直保持着朴实的民风。农民们在悬崖顶的台地上开垦出一小块一小块的农田，房屋门前就是绝壁，过着靠天吃饭的日子。

那时候，人们上山下山，走的是百丈悬崖上仅可容一人过的绝壁小路，被称为“天梯”。这“天梯”是村民通往山下沙窑乡的唯一道路。郭亮村的牛、羊、猪等牲畜，大多是在小犊子时就由村民从“天梯”抱上来的，喂大后若想卖给外村，还得绕上30多里的山路才能转下山。平时从“天梯”将山货背到山外，换取一些紧俏的日用生活品。

郭亮在地形地貌上，有点像河北的坝上，千回百绕一路盘山爬坡，到了坡顶，竟然是一马平川。郭亮就是坡顶上的一个村庄，有房有田有

河流，你不站在悬崖边，意识不到你正站在大山顶上。100 米开外，就是万丈悬崖，深不见底。

其吸引人之处，更在于这里有一条开凿在绝壁上的长廊挂壁隧道。为使郭亮的乡亲们不再贫困，为让身后的子孙不再行走险峻的天梯，从 1971 年的秋天开始，郭亮人没有用任何机械，历时 5 年，硬是在绝壁中凿出了“绝壁长廊”的郭亮洞。这个壮举将郭亮这个名字传到了世界各地，旅游的人络绎不绝，共同见证太行绝壁上的奇迹。

加拉白垒：孤独的守望者

领略南迦巴瓦这个世人皆知的最美山峰真容，是无数穿行在 318 国道的“信徒”的最大期待之一，然而，最神秘的不是只有南迦巴瓦一个。加拉白垒，就像南峰的兄弟一样安静地睡在一旁，却似乎被人们遗忘。很难得看到两座山峰的真容，即使看见了其中一座也不一定能看到另一座，这不得不说是一件憾事，但是从另一角度欣赏，南峰也好，加峰也罢，保留一份神秘是它们的权利。

雅鲁藏布江自喜马拉雅山脉西段的冰峰雪山发源，沿喜马拉雅北坡山谷一直向东，历程一千多公里，流至喜马拉雅山脉东段尾翼，在林芝、米林、墨脱、波密四县交界处直转南下，形成一个马蹄形大峡湾。在这个峡内侧，有着世界第 15 高峰，海拔 7782 米的南迦巴瓦峰。与南迦巴瓦峰相距 20 公里，而隔江对峙的，就是海拔 7294 米的加拉白垒峰。

加拉白垒峰与南迦巴瓦峰两峰仅距20公里。加拉白垒峰的走向为东西弧形排列，主脊线上向南侧、西北侧增生着数条支脊，多为陡壁悬崖。山谷中发育着数十条冰川。其顶部比较平展，常年被冰雪覆盖。该地区冰川大都属于海洋型冰川，运动较快，受气温和降水的影响，加之地势陡峭，因而冰、雪崩十分频繁。这里雨季较长，尤其是七、八、九三个月，几乎天天降水，同时云量也很大，峰体终日云雾缭绕。

相传很久以前，上天派南迦巴瓦和加拉白垒镇守东南。弟弟加拉白垒勤奋好学武功高强，个子也是越长越高，哥哥南迦巴瓦十分嫉妒。于是在一个月黑风高之时将弟弟杀害，把他的头颅丢到米林县境内，化成了德拉山。上天为惩罚南迦巴瓦的罪过，于是罚它永远驻守在雅鲁藏布江边，永远陪伴着被它杀害的弟弟加拉白垒。所以加拉白垒峰峰顶看上去永远是圆圆的，因为它是座无头山。而南迦巴瓦大概自知罪孽深重，常年云雾缭绕不予世人窥见。

在大山背后的加拉村，南迦巴瓦是另一副模样，险峻冰冷高不可攀。加拉村被认为具有关键的地域地标作用，它是雅鲁藏布江大峡谷最后一个村庄，江水流淌而过，有一只机动船停在江边，据说这里就是雅鲁藏布江上的唯一渡口了。如果再往北走，就是白马狗熊了，除了少数科考队和探险者，多数徒步爱好者都从这里开始返回。加拉村刚刚通了公路，这增加了村民与外界人的接触，但是这一带几乎没有手机信号，也很少有车辆到达这里。

阿里山：漫步在云端

阿里山位于台湾嘉义县，其实并非一座山，正确的说法应该叫做阿里山地区，游览区是阿里山主山脉的一部分，东为玉山，北接雪山（又名塔山），海拔最高处2600多米。云海、神木、日出、晚霞、铁道（阿里山森林小铁路）被称为“阿里山五奇”。阿里山的自然和人文景观可以说是独一无二，除了数不胜数的天然资源，如三代同株神木，更有处处可见的历史遗迹，如树灵塔、受镇宫等。

从山脚至山顶，阿里山国家森林游乐区内主要景点包括一般游客所熟知的沼平公园、姐妹潭、祝山观日楼、神木等；日出、云海、晚霞、神木与铁道，并列“阿里山五奇”，游人绝对不可错过。但在原阿里山神木倾倒后，改以阿里山神木群取代之。

姐妹潭是两个大小不同的相近湖泊，周围有长180米的环潭步道。

其名称由来是相传有一对原住民姐妹同时爱上一名男子，但彼此不愿伤害姐妹间的情谊，却又割舍不下相思之情，因此两姐妹分投姐潭及妹潭殉情，故后人附会而称之为姐妹潭。

阿里山森林铁路（阿里山小火车）是台湾迄今仅有的两条仍处于营运状态的高山森林铁路之一（另一条是太平山森林铁路），这条铁路在 1909 年开始建造，最初的目的是日本殖民统治者为了方便从阿里山搬运珍贵红桧而建，完工于 1914 年。1963 年林场砍伐业务结束后，客运与观光成为该铁路的主要功能。

目前，小火车已成为了观光小火车，吸引游人搭乘，沿路观赏阿里山的风貌景致。清晨五点，阿里山车站早已挤满早起的游客，等着要搭乘开往祝山看日出的高山小火车，而这样热络的景象，几乎每天都会上演。究竟阿里山日出有什么样的魅力，吸引成千上万、来自世界各地的游客来到台湾呢？只有身临其境者才能体会。

欣赏阿里山日出的最佳地点有两处，一个是民众耳熟能详的祝山，另外一个则是对高岳，这两个地方都位于祝山铁路的路线上，其实对高岳是阿里山最早的观日出地点，林务局也设置了观景台，但是对高岳的名气还是比不过祝山，因此绝大多数的游客仍选择到祝山欣赏日出。

虽然日出只有短短几妙的时间，但是日出前的等待，以及渐层、迷人的光影变化，以及日出刹那跃出山头的万丈光芒，还有完全升起时大地初醒、阳光普照的景色，一连串从深蓝、泛白、鹅黄到银色流光的变化景致，才是真正的迷人之处。如果运气好，还可看见日出与云海同台演出，美丽壮阔的景致更是无以言表。

太白山：体验四季的跨度

秦岭山脉是我国南方与北方的天然屏障，也是长江、黄河两大水系的分水岭。太白山作为秦岭山脉的主峰，其自然地理条件就更为独特，它那高耸入云的雄伟气势，瞬息万变的气候神姿，自古以来就给人们披上了一层神秘的色彩，更为中外科学家和文人学士所向往。站在上面，向北是有着苍凉的北中国，而向南，则是秀水江南，小桥、流水……

因为山顶终年积雪，银光四射，所以被称为太白。太白山的主体是由规模庞大的花岗岩体组成，地质学家称其为“太白花岗岩”。太白花岗岩在漫长的地质发展史上，几经构造变动、断层，节理十分发育，它们在各种外力的共同作用下，塑造了今日太白山奇峰林立、山势峥嵘的险、奇景色。太白山高山区至今还保留着完整的、千姿百态的第四纪冰川遗迹。一个个高山湖泊，碧波荡漾，湖光山色，令人陶醉，古人及当地老人都称其为“神湖”，实则为“说蚀湖”。

太白山的景色，从北坡到南坡，可概括为八景：红河丹崖、斜峪雄关、古枫幽境、桃川曲流、斗母奇峰、平安云海、太白明珠、拔仙绝顶。斗母奇峰指的是斗母宫一带的石柱山，特别是麦落石、五台、一堵墙、望乡台等处，花岗片麻岩傲然挺立，千姿百态，堪称奇绝。平安云海是指站在海拔 2790 米的平安寺观赏云海。这里在云端之上，云有的像锦缎一样抖动，有的像轻纱一样飘拂，有的像江河一样奔腾，有的如海潮一样汹涌……

这里气候异常，风云多变，相传在山下行军，不敢敲鼓吹号，否则疾风骤雨会顷刻而至。不仅如此，这里还有奇特的风景。苏轼称它“岩崖已奇绝，冰雪竟雕皱”。太白山还有很多古建筑，历代庙宇有 14 处，现存房屋 32 栋，80 余间。旧历七月一日为太白山庙会，每逢此时，山上山下，游人不绝。

在太白山可以感知“一日离四季，十里不同天”的自然景观，比如，当你走到山脚是盛夏，山腰是春天，到了山顶就是白雪皑皑的冬天。“太白积雪六月天”，在过去寒冷的年代，太白山顶终年积雪，每当盛夏，从关中平原眺望，白雪皑皑，银光四射，蔚为奇观。

太白山历史悠久，自古以来就是一座中华名山。历代帝王对其封王加侯，文人墨客的足迹更是遍及太白山的山山岭岭，留下了大量赞美太白山景色的绝妙诗篇。李白在《登太白山》写道：“西上太白峰，夕阳穷登攀。太白与我语，为我开天关。愿乘冷风去，直出浮云间。举目可近月，前行若如山。一别武功去，何时复见还。”

鳌山：炼狱后的天堂

鳌山位于太白山以西，秦岭中段太白县境内，海拔 3475.9 米，是秦岭主峰太白拔仙台西面的另一制高点，故又称其为西太白，是陕西的第二高峰。这里也是秦岭山脉中最为原始的区域，动植物种类非常丰富，在由《中国国家地理》杂志组织的全国十大“非著名”山峰评选活动中，鳌山名列其中：“是秦岭山脉最为原始的区域，这里人迹罕至、石海遗迹遍布，如同一位冷傲的姑娘，静静隐居在人迹罕至的深山”。

鳌山山名源于一个美好的传说，相传远古时代华夏洪水肆虐，大地震动，女娲炼五色石以补苍天，东海龙王第九子神鳌，献出四足，以立四极，大地得以稳定。女娲念及神鳌断足之功，让神鳌雄镇中央，分流南北，天下开始风调雨顺，神鳌从此化身为山。

鳌山上有很多天然的盆景林——许许多多形状奇异、造型独特的天然百年古松，有的似龙盘虎踞，有的似鹰击长空，有的似骏马腾飞，有的似精灵飘舞，那些扭曲的树干和枝条，凝固了自然造化，凝固了岁月风霜，也凝固了地老天荒……

同太白山一样，它以其迷人独特的风光吸引着无数探索者的步伐。一位户外爱好者说：鳌山和西藏的很多山一样，气候变化大，像一条张开口的蟒蛇，你在口边走，随时都有被吞噬的危险，你就是在天堂玩，每一分钟都有可能让你下炼狱，折磨你的身心，折磨你的意志。

在户外爱好者眼里，鳌山属于无人区，虽然没有相邻的八仙台海拔高，但由于沿途坡陡路长，连一个可以躲风避雨的建筑或者庙宇也没有，而且气候变化无常，温差较大，穿越鳌山对体能是极大的考验，是骨灰级爱好者的敲门砖，有着喷血级的享受，堪称户外运动爱好者的绝佳出行之地。

玉山：冰清如玉的热带雪山

玉山山脉纵贯宝岛台湾中部，最高地段在南投县西南境，五座高山簇拥而立，横空出世，其中傲然突出的便是宝岛绝顶——玉山主峰。因其山峰常年积雪，远望如玉，尤以月夜望之，晶莹耀目，故以“玉山”称之。

玉山是台湾布农族与邹族共同的圣山，居住于玉山下的另外一支原住民民族邹族，则称呼玉山为 Panguno Rakaso，皆是指“石英山”的意思，都是因为冬季时山头积雪反光，状似石英玻璃般闪烁之故。而在清康熙年间编纂的《台湾府志》中，有这样的记述：“玉山，在凤山县。山甚高，皆云雾罩于其上，时或天气光霁，遥望皆白石，因名为玉山。”可见玉山作为山名，清代已开始流通。

对于西方而言，玉山最早在文献上的记载，则是发生于 1857 年，一艘美国商船亚历山大号由安平离港时，船长摩里逊（W. Morrison）见

到高耸的玉山之后将其记载在航海日志中，因此有摩里逊山（Mt. Morrison）这一称呼，并广为通行于西方诸国。

1895年，台湾因为清廷败战签订了马关条约割让给日本，使得玉山也落入日本管辖境内。来到台湾的日本人发现玉山的高度超越了日本的第一高峰富士山，因此明治天皇下诏将玉山更名新高山，意指日本领土新的最高峰，周围群峰一并更名，主峰又称新高主山。稍后，1923年时亦将雪山命名为次高山，意指第二高峰。当时的新高山与次高山（雪山）、能高山并称“台湾三高”。

第二次世界大战之后，国民政府恢复了玉山一名。

玉山有三大突出特点：一是高。主峰高达3997米，可称亚洲东部沿海地区最高的山峰。二是雪。每年10月，山上开始下雪，一直到次年3月才止，到夏季时山顶背阴处仍有积雪，成为世所罕见的“热带雪山”奇观。三是险。五峰之间，乱山重叠，断崖壁立，沟壑纵横，枯林迷乱，若非攀缘好手，绝难到达峰尖。

玉山美景主要有：一是奇峰。玉山主峰山貌高峻，四面皆是陡壁危崖，南北两侧是千仞峭壁，西侧绝壑深沟，东侧则是碎石陡坡。因为玉山为水成岩山脉，地层褶曲，使顶峰形似波涛，积雪不化，光彩异常。二是云瀑。玉山的峰顶，隐约云端，千变万化，飘荡不定，宛如瀑布，十分好看。三是林涛。玉山树多，种类也相当丰富，时遇大风，树林哗哗，山谷隆隆；适逢暴雨，山崩石滚，声声震耳，更是令人惊奇。

玉山无论山容或山势皆在台湾为最具规模者，除了是台湾五岳之首、百岳之王外，更重要的是玉山群峰地区蕴含着珍贵的生命宝藏。这里有不同气候形态，衍生出多样化的动物群种及植物林相，生态资源相当丰富。

丹霞山：岭南的归隐之地

丹霞山位于韶关东北54公里处的仁化县城境内，雄踞广东北大门。山崖远观似染红霞，近看则色彩斑斓，悬崖峭壁若刀削斧砍，无数奇岩美洞隐藏于山中，景色相当奇丽。难怪有人不吝赞叹说，“桂林山水甲天下，不及广东一丹霞”。

丹霞山名字的来源，至今不可考。较为一致的说法，自然和其“丹霞地形”有关——丹霞山的岩石含有钙质、氢氧化铁和少量石膏，呈丹红色，是砂岩地形的代表，亦称“丹霞”。据当地人说，丹霞地貌的“丹红”之色，在太阳之下尤为明显。在第34届世界遗产大会上，“中国丹霞”被正式列入《世界遗产名录》。广东丹霞山就是中国丹霞地貌的典型代表之一。

登上丹霞高峰，一幅清晰的画卷即徐徐为你展开：峰林伫立，错落有致，层层叠叠的沉积地貌犹如大自然千百万年沉淀的百科全书，记载

着历史的沧海桑田。犹如生机勃勃的大象家族喜闹人间的“群象出山”，象征乘风破浪的“一帆风顺”，寓意多子多福的阳元石……在这片红色世界，一切都与传统的富贵、吉祥寓意相一致。

“红尘不到，莫负丹霞。”丹霞山寺边有这么一对偈语，一如红尘中人，道出了丹霞山亘古的真性情，而其奇石双葩——阳元石与阴元石，也几乎成了丹霞山打造爱情名山的首要名片。被称为天下第一奇石的阳元石，耸立在一片红光瑞气的丹崖赤壁之中，尽管笼罩在雾霭之中，那种阳刚之气，依然喷薄而出。与阳元石高耸显露不同，阴元石则隐匿在深山幽谷中，隔着一条锦江和阳元石遥遥相望，被称为“母亲石”、“生命之门”。

丹霞山有着爱情名山和宗教圣地的美誉，不啻为一处绝妙的朝圣和归隐之地。而当下人们普遍纠结于出世与入世的困惑中，在此小憩数日，或许能寻求一种难得的平衡。所谓的“小隐隐于山，大隐隐于世”，无所谓境界高低，但求吾心宁静。

丹霞山尽显奇女子情怀，游人既可见识时尚女性的热情，又可体验温柔娇媚的柔情。群峰竞翠的赤壁丹崖，犹如现代时尚女性壮壮烈烈地撑起天地，把湛蓝的天空染红；柔美温和的锦江、翠峰映入眼帘，宛若柔情似水的美人以水为镜，梳妆抹脂，一颦一笑间，顾盼生辉；碧波荡漾的翔龙湖犹如缠于羞涩少女腰间的锦缎，清丽飘逸；神韵兼具的双乳峰犹如坦露胸脯的伟大母亲，哺育着丹霞子民；静静躺卧的睡美人虔诚地紧闭双眸，如慈善的观音，向上天祈祷着众生安宁；有丹霞五奇之称的送子观音如同造福人间的慈祥女神，为大地撒下开枝散叶的种子。

玉龙雪山：北半球最南的雪山

当你一脚踏进丽江坝子，首先映入你的视野的，是坝子北端拔地而起的巍巍雪山。那皑皑的白雪，银雕玉塑般的千年冰峰，仿佛要刺破蓝天，气势非凡，这就是闻名遐迩的玉龙雪山。

玉龙雪山是北半球最接近赤道的山脉，它处于青藏高原东南边缘，横断山脉分布地带，在大地构造上属横断山脉皱褶带。位于丽江县城北面约 15 公里处。这里终年积雪，雪山山体高耸，横亘排列的 13 座山峰中，卜松毛卦峰海拔 5596 米，为诸峰之最。

整个雪山集亚热带、温带及寒带的各种自然景观于一身，构成独特的“阳春白雪”主体景观。雨雪新晴之后，雪格外的白，松格外的绿，掩映生态，移步换形，很像是白雪和绿松在捉迷藏。故有“绿雪奇峰”之誉，雪不白而绿，蔚为奇观。

玉龙雪山是花的海洋。不曾到过玉龙雪山的人，一定不能想象到它那遍地白雪遍地鲜花的奇景！红的像火，白的像纸，紫绛纱的，如满斛明珠的，艳若桃花的，冷若冰霜的，大的花如牡丹，小的花如丁香，无一不是人间庭园的奇珍，却在这个寂寞的雪山上任意开放！

玉龙雪山气势磅礴，造型清秀玲珑。随着节令及气候变化，雪山景观也交替变幻，呈现出多姿多彩的画面。大面积的雪海是优良的天然滑雪场。据专家考察论证认为：这里是世界上最长的滑雪场，也是最温暖的滑雪场。为方便游客，这里还建成了我国海拔最高的旅游客运索道。方便的设施可以带你进入这个神奇的世界。

玉龙雪山既是一座圣山、神山，是纳西族“民族之神”的化身，又是无数殉情的纳西情侣曾将青春生命融在其中，将他们的心与魂魄埋在白雪间，视为生命归宿地的“情山”。在漫漫岁月中，这座圣山与情山铸造着纳西人的心灵，陶冶着纳西人的精神，也记下了纳西古王国的美丽清纯、质朴淳厚，记下了纳西人在茫茫人世上的温馨快乐和绝世悲情。生生死死，永生永世，玉龙山都在纳西人的心灵中。无论是生与死，无论世间路千里万里，他们的心和灵魂，最终都要回归于这白雪茫茫的净土。

但是，随着雪山上游客的增加，玉龙雪山的积雪逐渐减少，玉龙雪山的冰川体积也越来越少。这不能不说是一件憾事。

太平山：俯瞰港岛全景

太平山是香港游玩必去之地，海拔554米，它是香港岛之巅。惊险奇特的缆车旅行、迷人壮阔的维港夜景、惟妙惟肖的杜莎夫人蜡像馆，和汇聚众多美食店的凌霄阁，是游玩太平山的四大卖点。太平山顶还是观赏香港美妙夜景的最佳去处，其中又以缆车总站附近古色古香的狮子亭和空旷怡人的山顶公园为最佳观赏位置。每当夜幕降临之际，站在太平山上放眼四望，在万千灯火的映照下，港岛和九龙宛如镶嵌在维多利亚港湾的两颗明珠，交相辉映。中环地区更是高楼林立，壮观无比。

太平山原名“硬头山”，古称香炉峰，据传嘉庆年间海盗张保仔盘踞港岛时，在山下设东西营盘，并利用该峰做瞭望台，看见海上有商船经过，就用旗号通知山下营寨，出动船只去截劫，故又被称为“扯旗山”。

大约 1868 年，港督麦克唐纳爵士为享受太平山顶清凉宜人的居住环境，特别选址该处兴建避暑别墅。由此，移居太平山逐渐成为了富豪显赫与名流绅士所推崇的风尚。当时的官爷小姐们要往返山顶，就会雇佣穿着整齐制服的轿夫所抬的人力轿子作为交通工具。1904 年，居住太平山被正式列为上流社会以及外国使馆的专有权利，更显示了山顶的非凡地位。这个制度一直沿用到 1947 年才被废弃。

太平山顶一直保持着它远离尘嚣的恬静与安详，直到 1881 年才有了突破性的发展。当年，在苏格兰高原铁路工作的亚历山大·芬利·史密斯向当时的港督轩尼诗爵士提出了建议，修建港岛缆车铁路，其中一段连接美利楼南侧与山顶维多利亚峡，也就是今天的山顶缆车。

史密斯一心希望缆车服务能够增加该区的客流量，从而为 1873 年在他拥有产权的山顶土地上兴建的山顶酒店带来经济效益。可惜的是，这所酒店于 1938 年毁于火灾。

自从山顶拥有了稳定可靠的交通工具后，它迅即凭借居高临下饱览维多利亚港壮阔景色的特色蜚声国际。时至今日，太平山顶每年吸引超过 700 万的游客到访，成为香港最受欢迎的旅游热点之一。

山顶缆车是香港百年历史中最久经风霜，最富代表性的生活见证。通车初期，山顶缆车头等车厢票价 3 毫、二等车厢 2 毫、三等 1 毫，回程一律半价。当时缆车仍然用烧煤产生的蒸汽推动，通车首日共有 600

名乘客，首年的客流量就达 15 万人次。

从 1908 年到 1949 年，车厢前两个座位一直预留为港督专座，椅背上用黄铜片镶嵌着“此座位为港督预留专座”，在开车前最后两分钟才向其他乘客开放。

20 世纪 50 年代，好莱坞因闻名中外的山顶缆车与太平山景致，慕名远道前来取景。

太平山以其得天独厚的地理环境和人文景观，成为人们到香港的必游之地。不论你是不是个浪漫的人，也一定要安排到太平山赏一次夜景。

九顶山：高原花海的绝色美景

《中国国家地理》2003 年第 4 期是这样推荐这个“从盆地到高原的风景”：“这里地处四川盆地向西北高原的过渡带，群山巍峨，云蒸霞蔚；高山上的草原，绿草如茵，野花烂漫……与自然风光相辉映的是这里独具特色的人文景观。这里是少数民族羌族的居住地，羌人的碉楼是中国民居中的罕见形式，羌人的歌舞让人想起唐代诗人著名的诗句：羌笛何须怨杨柳……”

“蜀中有仙山，九顶称一绝。”这座能在山川兴盛的蜀地称绝的九顶山，就在茂县境内。最高峰为狮子王主峰，海拔 4989 米，另有九顶山主峰 4969 米，最低海拔为 750 米；登上九顶山的顶峰后，区内美景尽收眼底。山上有十大羌寨，分别是日瓦察、尼布、尼察、吉都、珠尔坝、克尔布、噶尔、壳查、吉格、尼都。在这里，羌历年、玉兰会、万年灯会、羊角花节、苹果花节、九鼎山红叶节等羌寨吉日、民俗活动非常丰富。

九顶山裸露岩体质地坚硬，形成断崖绝壁，山势复杂，重峦叠嶂，是登山探险的好去处。地处高山峡谷之间的羌族地区，气候温和，雨量适度。由于地形的不同，气候差异极为明显。沿河一带，海拔在1300米至1400米之间，初春季节，百花盛开，而海拔在2000米以上的山区，却仍是白雪纷飞的寒冷天气。

九顶山的风光中最独特的是它的数十万亩花海。高原的夏季不缺野花，但是九顶山上泥土丰厚，终年多雨而又不缺阳光，近似于高山湿地的地貌条件，造就了不同于其他高原花海的绝色美景。从 5 月到 10 月份，杜鹃花、报春花、鸢尾花、紫菀花、翠雀花、马先蒿、绿绒蒿、西藏杓兰……不同海拔高度上的数不清种类的野花依次开放，就像一座绚丽多彩的天国花园。

从每年 4 月的高山杜鹃开始，高山花卉便不断随季节开放，到 7 月中旬是最灿烂的时节。因为位于岷江流域，生长的高山杜鹃多是以岷江、汶川等地名命名的中国特有的珍稀杜鹃品种，每年 4 月从低海拔向高海拔地区相继开放，最晚在 6 月底在海拔 3900 米的黑龙池也可看到。九顶山杜鹃，是九顶山一绝。

不过要看到如此的美景还是要付出一些代价，那就是徒步七八个小时，从 2000 多米的安乡登到 3800 米的九顶山峰，极具挑战。在四川可以攀登的雪山中，九顶山不如四姑娘山、贡嘎山、瓦屋山、岷山主峰雪宝顶等。虽然路途也比较艰难，但也逐步成为广大入门登山爱好者的首选地，只为看尽它无边的花海，幽深的海子，千尘不染的蓝天，寂然无声的雪山倒影和山中悬挂的瀑布彩虹。

扎尕那山：云雾中的伊甸园

青海扎尕那毗邻四川九寨沟，相比名声在外的九寨沟，扎尕那显得默默无闻。实际上，扎尕那是一个美丽的地方，有洁白的哈达、黝黑的牦牛、湛蓝的天空、碧绿的草场、金黄的经筒、绛紫的袈裟、黛青的群山、暖橙的夕阳，还有姑娘绯红的脸庞，这就是香巴拉。

扎尕那，藏语意为“石匣子”，位于如今的甘肃迭部县西北28公里处。早在2009年已入选《中国国家地理》杂志评选的十大“非著名山峰”，名列榜单第四位。

它那灰白色的山体异常雄伟，周身笼罩着一种魔幻色彩。似乎有一位魔法师在挥舞魔杖，直到有一天把人间和仙境连接在一起。

80多年前，美籍奥地利裔植物学家、人类学家约瑟夫·洛克在扎尕那留下了他考察的足迹，此后他在美国《国家地理》杂志发表有关照片和文章，为希尔顿创作《消失的地平线》提供了难得的素材。

洛克的行程绝非是走马观花，而是严格意义上的科学考察。他在扎尕那住了很长时间，又从扎尕那山沿益哇沟到达迭部诸峡谷。洛克在迭部发现了至少10种云杉树，而中国全部云杉也只有17种。洛克由衷地感叹道：“迭部是如此令人惊叹，如果不把这绝佳的地方拍摄下来，我会感到是一种罪恶。”“这里的峡谷由千百条重重叠叠的山谷组成，这些横向的山谷像旺藏寺沟、麻牙沟、阿夏沟、多儿沟以及几条需要几天路程的山谷孕育着无人知晓的广袤森林，就像伊甸园一样，我平生从未见过如此绚丽的美丽景色，如果《创世纪》的作者看到迭部的美景，就会把亚当和夏娃的诞生地放在这里。”

在洛克把扎尕那的人间仙境推介到西方后的80多年后，扎尕那山还是那样自顾自地美丽。直至2009年它入选《中国国家地理》评选的中国“十大非著名山峰”。《中国国家地理》给出的扎尕那山入榜评语是：“扎尕那山，山势奇峻、景色优美，犹如一座规模宏大的石头宫殿，这片世外桃源虽然早在百年前就被洛克誉为亚当和夏娃的诞生地，但至今仍是一块处女地。”

看到这样的评语，你心动了吗？

武功山：高山上的草原

武功山位于赣湘边界罗霄山脉北端，萍乡、宜春、吉安三市交界处，为江西境内第一高峰，历史上与庐山、衡山并称为江南三大名山，是江西西部旅游资源最为丰富的大型山岳型风景名胜区。

武功山主峰白鹤峰海拔 1918.3 米，烟雾迷蒙，充满了神秘和浪漫的气息。从金顶到发云界，全是高山草甸，而且绵延不绝，满眼的绿色，让人有纵马驰骋的冲动。

由于地质构造、岩性、气候和内外营力作用的影响，武功山满山奇峰罗列，瑰奇壮丽；遍地怪石林立，形态奇特；处处深壑幽谷，美妙绝伦；峰峰悬岩峭壁，涌泉飞瀑。除山地常态地貌类型外，武功山还有岩

溶和冰川等特殊地貌类型，山中地下有各种形状奇特，大小不一的暗河和溶洞，以及发育于寒武纪、石炭纪和三叠纪等各时代的石灰岩，是名副其实的“国家地质公园”。

武功山的水景是一大特色，水量充沛，长年不竭，仅瀑布就有 200 余处，一年四季从不干涸。这其中既有长达 300 余米的连绵不绝的银链瀑布，又有一泻百米的金壶洒酒瀑布。布油箩潭、红岩谷两大瀑布群更是各有特色，或以宽取胜，或以造型别致迷人取胜，令人拍案叫绝。“西有九寨沟，东有红岩谷”所说的就是武功山水的精彩。

当然，武功山更以高山草甸闻名。高山草甸海拔之高，面积之广在世界同纬度名山中都是绝无仅有的。10 万亩草甸绵延于海拔 1600 多米的高山之巅，穿云入雾，春夏绿油油，秋季金灿灿，冬天白皑皑，游人无需远赴边陲，便可领略北国风光，真可谓“天上草原、人间仙境、北国风光、金色家园”，被专家称为“奇山伴草甸，天下一绝”。

据庐山植物园林业专家考证，在如此高的海拔，生长着如此大面积的高山草甸，不仅在中国，在整个亚洲都十分罕见。

绵延不绝的草甸碧波荡漾，像是来到了内蒙古大草原，真有点让人喜极而泣的感觉，感觉自己好像进入了天堂。

武功山四季景色变幻，春夏一片原野，万亩草甸壮观无比，秋天金黄满山，色彩丰富，冬季银装素裹，分外娇娆。山上风云变幻无穷，时而高山流云，时而云海波澜壮观，清晨日出景观更是震光万里，是摄影者的天堂，更是旅游避暑的好去处。

高高耸立在主峰白鹤峰上的金顶古祭坛，在刺骨的山风中散发着缥缈的梵音。武功山祭坛令人景仰。祭坛质朴，几乎毫无修饰，里面坐着一供像，散发着淡淡的香火之气。历经千年的风霜，它还保护着近乎原始的风貌，年复一年，无数的善男信女在述说着虔诚与期冀，天、地、人在这里达到了和谐如一的理想境界。

崆峒山：庙宇殿堂遍布诸峰

崆峒山位于甘肃省平凉市城西 12 公里处，主峰海拔 2123 米，既富北方山势之雄伟，又兼南方景色之秀丽。她东瞰西安，西接兰州，南邻宝鸡，北抵银川，是古丝绸之路西出关中之要塞。它集奇险灵秀的自然景观和古朴精湛的人文景观于一身，具有极高的观赏、文化和科考价值。古往今来，崆峒山吸引了众多的风流才俊。秦皇、汉武来过，司马迁、王符、杜甫、白居易、林则徐、谭嗣同等文人墨客也留下了大量的诗词、铭文。

很多人对崆峒山的了解与当代武侠小说巨匠金庸的小说分不开，崆峒派武术和峨嵋、少林、武当、昆仑、华山并称为中国六大武术流派，曾威震一方。

为何取名为崆峒山？一是古为空同氏族居住之地；二是崆峒山为道教圣地，取道教空空洞洞，清静自然之意；三是崆峒山洞穴极多，有空洞之意。三种说法，都有道理。

崆峒山为典型的丹霞地貌，危崖突兀，沟壑纵横，以峰为骨，以林为肉，山峰雄伟，林海浩瀚，所以古人发出了“崆峒山水甲于关塞”的感叹。

山上时令分明，四季景色各有千秋。阳春季节，漫山遍野桃花盛开，嫣红映衬新绿，一派生机盎然的景象；盛夏之时，万木葱茏，迎风起伏，好似碧波荡漾；若在秋季，红叶满山，层林尽染，奇瑰绚丽，美不胜收，堪比北京的香山；隆冬时节，大雪过后，漫山皆白，苍峦奇峰、翠柏枯树、楼宇亭阁银装素裹，雕砌出一个晶莹剔透的琉璃世界。

崆峒山风景的精华在西山的主峰上，远观西山，山势峻险，其间小山犬牙分布，各山之巅皆有庙宇，仿佛一巨型盆景。由中台向西穿过朝天门就到达369级台阶的“上天梯”，上天梯是攀登主峰的唯一通道，相对高度并不太高，一百多米，但十分陡峭，最陡的一段有70度，因此攀登还是颇费体力。再向上，越过天门，就登上了道教的主要活动场所——皇城。皇城为崆峒山寺观之首，是全山保存最为完整的一组明代建筑群，殿宇富丽堂皇，宛如古代帝王的皇宫，皇城之名由此而来。由皇城向南是雷声峰，雷声峰岩壁陡峭，下临深渊，据说在雷雨时节雷震空谷声如天崩地裂，故名雷声峰。雷声峰上主要建筑有三官殿和雷祖殿。雷祖殿殿前牌坊建于明万历年间，殿内有雷公塑像，很威猛。

早在秦汉时期，崆峒山即为僧道聚集之地。崆峒山佛教已有1500多年的历史，唐太宗李世民曾亲赐崆峒山佛教田宅，使崆峒山佛教在唐代初期便达到了鼎盛，亭台楼阁、宝刹梵宫、庙宇殿堂遍布全山诸峰，共有8台、9宫、12院、42座寺观、72处石府洞天，形成了规模宏大的建筑群。

塔院的寺庙比西山上的道观看上去辉煌得多，据说每年农历四月初八，寺院都要举行盛大的佛事活动，周边各地善男信女云集此地，进香拜佛，信徒达数万人之多。

梵净山：通往佛国的天梯

在与湘、渝、鄂三省、市交界的黔东北边陲，在横亘楚蜀大地、绵延数百公里的武陵山脉，有一座充满神秘色彩而又雄奇伟岸的山峰，这就是贵州省铜仁地区的梵净山。几百年来，梵净山的名字一直在黔、湘、川、鄂、桂等南国地域久久流传。虽然朝代有更替，人世有变迁，但梵净山的魅力依然历久不衰。

其古老的山体距今已有 10～14 亿年的历史，是黄河以南最古老的台地。再加上山体庞大深邃，峰峦巍峨雄奇，主峰高耸入云，故明朝万历四十六年（1618 年）奉皇帝诏令而建的古碑上称之为“众名岳之宗”。

7000 级台阶使梵净山有“通往佛国的天梯”的称号，是贵州省内最壮丽巍峨的山峰，最高峰红云金顶海拔高度达 2494 米，曾被《中国国家地理》杂志认定为全国佛光出现最为频繁的佛山之一。关于佛教的传说和景观更显出梵净山的卓尔不凡。在金顶至蘑菇石一带，如果运气好的话，能看到梵净山佛光幻影的奇异景观。现在梵净山有了索道可以直达位于 6000 台阶的万宝岩，同时空中风景也不容错过。

梵净山是武陵山脉的主峰，亚热带森林生态系统保存较为完整。梵净山山清水秀，号称有“九十九溪”，这些溪流汇成黑湾河、马槽河等11条主要河流，呈放射状奔腾而下，沿途多急流险滩，跌水瀑布。

大自然造物的神奇力量，使梵净山富集了令人陶醉的自然风光。山，或雄奇险峻，或秀美多姿，最引人入胜的是新金顶，在海拔2200余米的崇山峻岭上，突兀而起冒出一尊石柱，高约100米，如巨笋出土，似玉龙啸天，红云环绕，直指苍穹。大自然的神工鬼斧，又将山顶一劈为二。两个山顶上分别建有释迦殿、弥勒殿，两殿之间有天桥相连，朝拜的香火烧到了云天之上。还有那独立撑云的蘑菇石、依山望母的太子石、状若册籍的万卷书（山岩）等，形神兼备，令人叹绝！至于梵净山顶部一带常常出现的“佛光”，更是令人魂牵梦绕，一睹为快。

古人云："天下名山僧占多。"大自然造就了梵净山的奇异风光，而佛教徒则扬名了梵净山的灵山秀水。在明朝万历以前，梵净山作为"古佛道场"，早已声名远播。在梵净山的滴水岩附近，有一块奉万历皇帝的诏令而专门竖立的石碑。碑文中记载梵净山佛教自开辟以来，香火旺盛，信奉朝拜的信徒如云流水涌。梵净山的声名早已传入了南京、北京，倾动了十三个行省的地方长官。

国务院于1978年将其确定为国家级自然保护区，联合国教科文组织于1986年将梵净山接纳为全球"人与生物圈"保护区网的成员单位（中国只有五个成员单位）。梵净山乃"武陵正源，名山之宗"，曾先后荣膺2008年度和2009年度的"中国十大避暑名山"。梵净山还是全国著名的弥勒菩萨道场，是与山西五台山、四川峨眉山、安徽九华山、浙江普陀山齐名的中国第五大佛教名山，在佛教史上具有重要的地位。

在梵净山麓，居住着土家族、苗族、侗族、汉族、羌等各族人民。在这里，可以领略到多姿多彩的民族风情，体悟到梵净山区丰富深邃的人文风貌。

因为它还在那里

我想，这世界上，没有一个国家的山川能比得上我们所在的这个国家，更为多姿多彩。我们有高耸如云的雪山，险峻凌厉的山峰，文化积淀的名山，各种各样地质地貌的山脉。从古至今，登高赋诗，历来被文人墨客们所钟爱。

从古至今，人们没有停止过对山的渴望与赞美。无数诗人墨客在登山时留下经典的诗句文章，今日更是有大量的登山爱好者在追逐顶峰。

自古有徐霞客走遍千山万水，才有了《徐霞客游记》；李白游走于群峰之间，才有了万古流芳的诗篇。今天有更多的人踏足青山绿水之间，他们说，为什么要登山？因为山在那里，它还在那里。

我想，即使是对于一个普通游客来说，每登上一次山顶，都会给他的生活带来一缕生机。让清新的山风，抚平生命中的一道道皱褶。

每个人的旅行记忆里，都有很多值得回忆的经历。我第一次登上山顶的是安徽的黄山，值得纪念的是，机缘巧合，当时和一位刚刚出道的男演员在一个团队里，因为尚未出名，沿途倒是也没有吸引太多路人的眼球。我们沿着尚未化完的积雪登上了莲花峰，刚刚落脚山顶时，便听见他打电话给朋友，声音里夹杂着五味杂陈的情绪：我现在在黄山，爬上顶后，才知道自己有多渺小。

后来那位演员成了红透中国的明星。

在我看来，有时候我们挑战高峰，是为了站得更高，看得更远，而同时，在无可战胜的自然面前，让自己变得更加谦逊与懂得尊敬。有时候，卑微一些，并不是一件坏事。

还曾听说一个故事，某一个香烟品牌，找到某一个广告公司写广告宣传语，接到任务的人，躲在家里写了很多方案，抽了许多的烟，对于作品却总是不满意，揉烂了一个个纸团。就在思维枯竭不知所措的时候，她背着包一人去了黄山，坐在山顶上抽了一根烟，看着眼前的云起云落，成就了“一品黄山，天高云淡”这句经典的广告语。

第一次从黄山下来以后，深深体会到古人“黄山归来不看岳”的意境。当时下决心说接下来都不愿意再爬山了，当时认为，这应该就是中国最美的山峰吧。

没想到才三个月后，我就去了邻近省份江西的庐山，立即就被另一种风情所吸引。她的秀丽她的柔美，与黄山的冷峻完全不同，每一座山都有她的独特风情。

后来才知道，每一座山都有它与众不同的一面，总是能从中感受到大自然生命的意义和勃勃的生机。

我去过的第一座雪山是四川的贡嘎雪山，这一次真正改变了我对山的认知。很感激上帝赐予我们这么多座圣洁而有灵性的雪山，让世人生生世世去朝拜。而这些虔诚的、匍匐在群峰脚下的人们，又让雪山变得高不可攀。

在转山的途中经历了难以描述的艰辛，却没有足够的运气一睹神山的真正面目。整个一周时间里，厚厚的云雾挡住了我们的视线。

另一座让我难以释怀的便是南迦巴瓦峰，这座被评为中国最美丽的山峰，同样给我留下了诸多遗憾，曾经用一个夜晚的时间守候在山脚下期望一睹神山的风采，上天却依然没有给我这次机会。

得来如此的不容易，才更突显神山的圣洁与不可亵渎。

我曾花了半个月的时间在喜马拉雅山脉里徒步，路过一座又一座的雪山，与世隔绝，见过那漫山遍野的花儿和群峰。在海拔最高的地方，我顶着高原反应的痛苦帮朋友在垭口留影，他站在群山围抱之中，就在快门按下的那一瞬间，他低下了头。画面里，一个正年轻的意气风发的攀登上高点的男人，在一片茫茫的山峰之中，却没有张开臂膀的雄姿，没有发狂的喜悦，只有一个低下的头颅。他说，因为我有颗敬畏心。

在喜马拉雅的夜晚，不经意间拉开窗帘，头顶是如一颗颗珍珠汇聚的璀璨星空，多少年不曾见过的银河在那里夜夜星辉。洁白的雪山在月色的映衬下，散发着神秘的色彩。它们，不可征服。

当我完成一次长达 15 天的徒步后，站在海拔最高点，忍不住泪流满面，所有经历过的艰辛，一瞬间都通过眼泪宣泄出来。酸楚、痛苦、痛快，默默地在心中纠缠出许多个结来。在场每一个不认识的人都走过来拥抱我，那一刻，我觉得自己如旁边的神山一样伟大。虽然我征服不了它们，但是最终，我征服了自己。

见过越来越多的雪山，越是忍不住赞美上苍。感谢赐予我们这么好的礼物。不是为了征服，只为了在它们的怀抱里感知大自然的温度，感慨生命的震撼，信仰的力量。

本书部分篇章图片由友人金晶提供，谨致谢忱。